세계사 속에 숨어 있는 무서운 이야기

소름 주의 ⚠

괴담 속
진짜 숨은 역사

세계사 속에 숨어 있는 무서운 이야기

소름 주의 ⚠

괴담 속 진짜 숨은 역사

박성은 글 달상 그림

썬더키즈
thunder kids

작가의 말

　어릴 적에 종종 친구들과 모여 앉아 무서운 이야기, 이상한 이야기를 주고받았어요. 그때는 '13일의 금요일'과 두 사람이 마주 앉아 볼펜을 쥐고 주문을 외치는 '분신사바'가 인기였어요. 하지만 그중에서도 으뜸은 역시 학교 괴담이었어요.

　초등학교 시절, 소풍날이나 운동회 날만 되면 비가 내렸어요. 그때 저희 학교에는 특별한 날에 비가 내리는 이유가 이무기의 저주 때문이라는 소문이 있었어요. 학교를 세울 때 이무기가 사는 저수지를 메워 버려 저주받았다는 거예요. 또, 그때 교장 선생님이 못질을 했는데, 그 못이 꼬리에 박혀 이무기가 하늘로 승천하지 못했대요. 그래서 이무기가 울기 때문에 비가 온다는 소문도 있었지요.

　그뿐만이 아니에요. 한밤중이 되면 학교 운동장에 있는 이순신 동상이나 유관순 동상이 걸어 다닌다는 이야기, 시계 종이 12시를 알리면 미술실에 있는 석고상의 눈동자가 움직인다는 이야기도 있었어요.

　"빨간 휴지 줄까? 파란 휴지 줄까?"라고 묻는 귀신이 있다는 이야기에, 쉬는 시간이면 친구랑 손을 잡고 화장실을 다녀오

기도 했어요. 당시 학교 화장실은 밑이 뚫려 있는 재래식 화장실이라 아래를 내려다볼 용기조차 나지 않았어요.

　사실 괴담은 오래전부터 존재해 왔어요. 그리고 현재까지 전해지는 이야기지요. 예전부터 합리적으로 설명하기 어려운 이야기가 괴담이 되었고, 사람들을 통해 자연스럽게 전해졌어요. 괴담은 지역적 특성에 따라 달라지기도 했어요. 또한 괴담은 우리가 살고 있는 사회와 떨어트려 설명할 수 없어요. 괴담은 세계의 다양한 문화와 전해 내려오는 이야기에서 나오고 역사와도 밀접한 관련이 있기 때문이에요. 때로 괴담은 우리의 상상력을 자극하고, 공포심을 끌어내기도 하지요. 영화 〈타이태닉〉의 목걸이가 저주받은 다이아몬드 이야기에서 영감을 받아 탄생한 것처럼요.

　이 책을 읽으면 때로는 찬물을 뒤집어쓴 듯 소름이 돋으며 오싹한 기분을 느낄 수도 있어요. 또 무섭고 흥미진진한 이야기 속에 빠져들다 보면 어느새 자신도 모르게 세계 역사를 알게 될 거예요.

　그럼, 지금부터 괴담 속으로 세계 역사 여행을 떠나 보아요. 출발!

박성은

차례

1장 불타는 금요일의 저주
수많은 사람이 불탄 13일의 금요일 10
이야기 속 역사
중세 유럽의 집단 광기와 비극 20

2장 검에 깃든 저주
도쿠가와 가문을 저주하는 검, 무라마사 26
이야기 속 역사
센고쿠 시대를 평정하고 에도 막부를 연 도쿠가와 이에야스 38

3장 죽음을 부르는 다이아몬드
소유하면 죽는, 저주받은 다이아몬드 44
이야기 속 역사
유럽의 흥망성쇠를 함께한 저주받은 다이아몬드 56

4장 심장이 사라진 왕
왕의 심장이 들어 있는 그림 62
이야기 속 역사
자유, 평등, 박애의 프랑스 혁명 70

5장 무덤을 건드린 사람은 모두 죽는다
파라오의 안식을 방해하는 자는 죽음의 날개에 닿으리라 76
이야기 속 역사
거대한 피라미드의 주인, 파라오 88

6장 현실이 된 공포, 악어와 마주하다
하수구에 악어가 살고 있다 … 94
이야기 속 역사
모든 길은 로마로 통한다 … 106

7장 27세가 되면 사라지는 천재들
영원히 스물일곱 … 110
이야기 속 역사
남북 전쟁을 승리로 이끈 링컨 … 126

8장 누군가의 광기로 비누가 된 사람들
저주를 없애기 위해 괴물이 된 부인 … 132
이야기 속 역사
한 사람의 광기가 만든 전쟁, 제2차 세계 대전 … 142

9장 바다 위의 저주받은 유령선
버뮤다의 소용돌이 … 146
이야기 속 역사
세계의 흐름을 바꾼 위대한 모험, 대항해 시대 … 156

10장 슈퍼맨도 피하지 못한 죽음
저주에 걸린 영웅 … 162
이야기 속 역사
검은 목요일, 미국 경제 대공황의 시작 … 170

1장

불타는 금요일의 저주

13
수많은 사람이 불탄 13일의 금요일

13번째 계단

학교 계단을 세어 본 적이 있어? 학교 안에 44개로 이루어진 계단이 있다면, 그 계단의 13번째 단을 밟는 사람은 반드시 죽는다는 이야기는 들어 봤어? 학교 옥상으로 올라가는 계단에 관한 이야기도 있지. 옥상으로 올라가는 계단은 단이 12개인데, 밤늦게 올라가면 단이 하나 더 있다는 거야. 13번째 단에 올라서는 순간 누군가 떠밀어 버린다는 말도 있어.

두 이야기는 한때 유명한 학교 괴담이었어. 그런데 왜 괴담에 '13'이라는 숫자가 자주 등장할까?

마녀재판과 13일의 금요일

16세기 후반의 일이야. 프랑스의 국경 지역, 로렌에 안나라는 소녀가 할머니와 살고 있었어. 할머니는 마차 사고로 부모를 일찍 잃은 안나를 애지중지했어. 사실, 안나는 병을 앓고 있었어. 멀쩡하다가도 갑자기 침을 질질 흘리고 몸을 덜덜 떨며 경련을 일으키곤 했어. 할머니가 별별 약을 구해서 먹였지만, 병은 낫지 않았지.

그러던 중에 더 나쁜 일이 생기고 말았어. 마침, 가뭄이 들어 마을 사람들은 걱정이 많았어. 안나와 할머니도 마찬가지였지. 안타깝게도 모두가 기다리던 비 대신 우박이 내렸어. 마을 사람들은 농사를 망치고 말았지. 그런데 갑자기 이웃집에서 안나를 마녀라고 교회에 신고했어.

마을 사람들은 안나와 할머니를 마녀 재판소로 끌고 갔어. 심판관이 고발문을 읽었어. 안나가 도마뱀을 말려 나쁜 약을 만들고 우박을 내리게 해 마을 사람들이 농사를 망쳤다는 내용이었지. 말도 안 되는 이야기였어.

할머니와 안나는 절대 아니라고 말했어. 그런 일을 한 적도 없을 뿐 아니라, 그럴 능력도 없다고 말이야. 하지만 소용이 없었어. 아무도 둘의 말을 듣지 않았지.

심판관들은 안나의 옷을 벗기더니 몸 구석구석을 살펴봤어. 그리고 목과 등에서 점을 찾아냈지.

"여기 악마의 손톱자국이 있어!"

한 심판관이 소리쳤어.

할머니가 아니라고 말했어. 몸에 점은 누구나 있다고 말했지. 그때, 안나가 너무 긴장했는지 침을 흘리고 몸을 떨며 경련하기 시작했어.

"악마가 몸에 들어 있구나! 몸에서 쫓아내야 해!"

심판관들이 안나를 빙 둘러싸고 몽둥이로 마구 때리기 시작했어. 놀란 할머니는 안나를 자신의 몸으로 덮어 대신 맞았어.

"아닙니다. 제 손녀는 병이 든 것뿐이에요. 제발 믿어 주세요!"

할머니는 매를 맞으면서도 안나는 마녀가 아니라 그냥 아픈 거라고 소리쳤어. 하지만 사람들은 믿지 않았지.

심판관은 할머니도 마녀라고 주장했어. 그리고 할머니에게 철로 만든 장화를 신기고 발에 쇠못을 박았어. 끔찍한 고통이었지. 그럼에도 할머니는 안나는 마녀가 아니라고 외쳤어.

"아니에요, 제 손녀는 마녀가 아니에요!"

할머니는 마녀라고 인정하면 안나를 살릴 수 없다는 것을 알고 있었어.

안나는 겁에 질렸어. 할머니 발에서 피가 흐르자, 제정신이 아니었지.

심판관의 고문이 시작됐어. 심판관이 엉덩이에 촛불을 갖다 대자 안나는 비명을 지르며 소리쳤어.

"맞아요! 저는 마녀예요! 너무 뜨거워요! 제발 그만해요!"

옆에 있던 할머니가 안나를 말려도 소용이 없었어. 안나는 고통이 어서 끝나기만을 바랐어.

심판관이 안나를 화형장으로 데리고 가 나무 기둥에 묶었어. 그리고 기둥 아래에 쌓아 놓은 나뭇더미에 불을 붙였지. 하늘 높이 안나의 비명이 울려 퍼졌어. 결국 안나는 불에 타 죽고, 할머니는 상처투성이 몸으로 안나의 뼛가루만 손에 쥐었지.

풀려난 할머니는 절망했어. 친구 헬렌의 도움으로 마녀 재판소에서 나왔지만, 모든 것을 잃은 채였어. 고문 비용과 판사 인건비, 재판 비용, 화형 집행 비용까지 할머니가 내야 했어. 할머니 손에 돈이 하나도 남지 않았지. 심지어 집까지 교회에 뺏

겼어.

할머니는 신이 있다면 이럴 수 없다며 절망했어. 그러자 친구 헬렌이 말했지. 프랑스를 구한 영웅 잔 다르크도 마녀재판으로 불에 타 죽었는데, 우리 같은 농민이 어떻게 살아남겠냐고.

안나처럼 죄 없는 사람을 마녀로 몰아 죽이는 마녀재판이 처음 시작된 날이 13일의 금요일이었대. 수백 년 동안 이어진 마녀사냥 때문인지 지금도 사람들은 13일의 금요일을 불길하다고 말해.

13일의 금요일과 템플 기사단의 저주

사실 13일의 금요일이 불길하다는 이야기는 더 오래전부터 있었어. 11세기 말, 예수님이 탄생한 예루살렘으로 성지 순례를 떠나는 일이 당시 유럽 사람들에게 인기였어. 하지만 문제가 있었어. 크리스트교의 성지인 예루살렘은 정작 이슬람교를 믿는 사람들이 지배하고 있었어.

하는 수 없이 예루살렘으로 향하는 크리스트교 사람들을 보

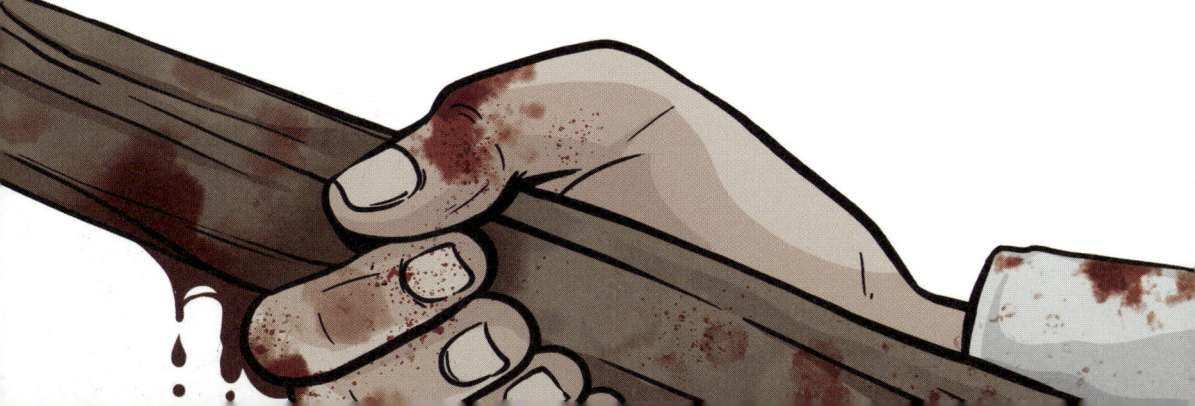

호하기 위해 기사단이 나섰어. 그들은 이슬람교도의 공격을 막아 주며 보호비를 받았어. 왕과 영주에게 땅을 받기도 했지.

 그중 템플 기사단은 보호자 역할과 함께 특별한 일을 했어. 곳곳에 있는 지부에서 돈을 보관하고 있다가 성지 순례자나 기사가 예루살렘으로 가는 도중에 돈을 찾아갈 수 있게 했어. 돈을 빌려주거나 다른 지부로 부쳐 주기도 했지. 오늘날의 은행과 비슷한 일이었어. 금융업으로 템플 기사단의 재산은 아주 많아졌어. 그러다 보니 왕과 영주는 점점 가난해지는데, 템플 기사단은 점점 부유해졌지. 심지어 왕도 템플 기사단에 빚을 지기 시작했어.

 그중에서 프랑스의 필리프 4세가 갚아야 할 돈이 가장 많았어. 그는 빚을 해결하려고 세금을 많이 걷었어. 이름을 붙일 수 있는 모든 것에 세금을 매겼지. 때로는 사람들을 잡아들이고 재산을 몰수하기도 했어. 하지만 빚은 좀처럼 줄지 않았어.

 결국 필리프 4세는 템플 기사단의 돈을 노렸어. 템플 기사단이 없어지면 빚진 돈을 갚지 않아도 됐으니까.

게다가 필리프 4세는 교황과 싸우느라 늘 돈이 부족했지. 그는 교황 보니파키우스 8세를 내쫓으려다 실패하기도 했어.

보니파키우스 8세는 성직자에게 부과하는 세금 때문에 필리프 4세와 대립했어. 1303년, 아나니에 머물던 보니파키우스 8세를 프랑스 군대가 습격했어. 보니파키우스 8세가 교황에서 물러나지 않겠다고 하자 프랑스 재상이 뺨을 때리기도 했어. 이후 교황의 권력은 약해졌지. 충격을 받은 교황이 시름시름 앓다 죽자 필리프 4세는 자신의 사람을 교황(클레멘스 5세) 자리에 앉히고 교황청을 아비뇽으로 옮기게 만들었어. 이 모든 일에는 많은 돈이 필요했어.

왕권을 강화하고 싶은 왕은 결단을 내렸어. 각 지방의 영주에게 편지를 보냈지. 군사를 모아서 템플 기사단을 공격하자고 말이야. 마침내 필리프 4세는 수천 명의 템플 기사단을 잡아들였어. 1307년 10월 13일 금요일이었지.

템플 기사단은 이단 재판소에서 혹독한 고문을 받았어. 필리프 4세와 클레멘스 5세는 127가지 이단죄를 이유로 템플 기사단을 해체시켰지. 그리고 기사단 지도부 50명을 화형시켰어.

이때 템플 기사단의 총대장, 자크 드 몰레이가 저주를 남겼다는 이야기가 전해져.

"교황 클레멘스, 국왕 필리프! 나는 반드시 일 년 안에 당신들을 신의 법정에 세울 것이다. 저주받은 자들! 당신들의 후손은 13대까지 저주받을 것이다!"

실제로 교황 클레멘스 5세는 약 한 달 후에 갑자기 죽었어. 필리프 4세는 8개월 후 뇌졸증으로 쓰러져 사망했지. 필리프 4세의 뒤를 이어 세 아들이 차례로 왕위에 올랐지만, 모두 대를 이을 아들을 남기지 못한 채 일찍 죽었어. 자크 드 몰레이의 저주 때문이었을까? 프랑스의 카페 왕조는 1328년에 몰락하고 말았어.

> 이야기 속 역사

중세 유럽의 집단 광기와 비극

마녀는 진짜 있었을까?

고대부터 아이를 낳을 때 돕고, 아픈 이에게 약을 지어 주는 사람들이 있었어. 이들은 때로 무속인이 되어 제사를 지내기도 했고, 점술사, 약제사, 무녀 등으로 불렸어. 중세와 르네상스 시기 유럽에서는 이들을 마녀라고 불렀어. 처음에는 마녀가 꼭 나쁜 이미지는 아니었어. 하지만 15세기 이후 마녀사냥이 활발해지면서 마녀가 해로운 존재라는 생각이 유럽 전체에 퍼지게 되었어.

마녀사냥의 시작

마녀사냥은 교회가 마녀를 악마와 손잡은 존재라고 단정하면서 시작됐어. 중세의 교회는 마녀가 사람들의 종교적 믿음을 흔들고, 사회를 혼란하게 만든다고 생각했어. 이 주장에 교황도 동의했어. 점차 교회는 마녀에 대한 경계와 처벌을 강화했지. 15세기 이후 종교 재판에서 마녀를 이단으로 규정하면서 마녀사냥이 본격적으로 확산됐어. 수많은 사람이 불에 타 죽었고, 때로는 남성과 일반 여성, 심지어 어린이까지 마녀사냥으로 희생됐어.

마을에 전염병이 돌거나, 가축이 병들거나, 농사를 망쳐도 모두 마녀 탓으로 돌렸어. 흑사병으로 유럽 인구의 절반이 사망한 후에는 마녀사냥이 더 심해졌지. 아무 잘못이 없는 여성도 악마에 씌었다고 몰아붙였고, 검은 고양이조차 마녀의 동물이라며 불길하다고 낙인찍었어.

특히 1487년에 출간된 《마녀의 망치》라는 책은 마녀가 악마와 결탁한 위험한 존재라고 규정하고, 마녀를 색출하고 처벌하는 지침을 제공했어. 이 책의 영향으로 마녀사냥은 유럽 전역에서 더욱 조직적으로, 그리고 잔혹하게 이루어졌지. 마녀로 지목된 사람은 고문당하거나 재산을 몰수당하고, 화형당했어. 마녀사냥은 사회적 약자와 소수자 등 힘없는 사람에게 집중되었고, 이들을 자연재해, 전염병 등의 책임을 지우는 희생양으로 삼는 사회적 현상이 되었어.

종교 재판으로 죽은 프랑스의 영웅, 잔 다르크

　1337년부터 1453년까지 약 백 년 동안 영국과 프랑스는 전쟁을 벌였어. 프랑스의 왕위 계승 문제로 일어난 이 전쟁이 바로 백 년 전쟁이야. 잔 다르크는 백 년 전쟁에서 프랑스를 구한 영웅이었어. 그녀는 신의 목소리를 듣고 프랑스군을 이끌어 오를레앙 전투에서 승리했고, 샤를 7세가 왕위에 오르는 데 큰 역할을 했어.

　1430년 잔 다르크는 적군인 부르고뉴군에게 붙잡혔어. 샤를 7세는 그녀를 구하지 않았고, 영국은 부르고뉴에 돈을 주고 잔 다르크를 넘겨받았어. 신의 뜻이 영국에 있다는 명분을 세우기 위해서였지. 영국은 잔 다르크를 종교 재판에 세우고 이단으로 몰았어. 결국 1431년, 잔 다르크는 마녀, 이단으로 몰려 불에 타 죽었어.

영국군에게 승리하고 돌아와 환호를 받는 잔 다르크

예루살렘을 둘러싼 크리스트교와 이슬람교의 충돌

　십자군 전쟁은 11세기 말부터 13세기 말까지 서유럽 크리스트교 세력이 이슬람 세력에 맞서 성지 예루살렘을 탈환하려 했던 대규모 군사 원정이야. 원정에 참여한 기사들이 가슴과 어깨에 십자가 표시를 했기 때문에 이들을 십자군이라고 불렀어. 크리스트교 세력은 1096년 1차 십자군 전쟁에서 예루살렘을 되찾았지만, 이후 이어진 전쟁에서는 이슬람 세력에게 패배하고 말았어.

십자군 전쟁, 왕권 강화를 촉진하다

십자군 전쟁으로 유럽 사회는 큰 변화를 겪었어. 왕과 교황은 서로 더 많은 권력을 가지려고 자주 다퉜지. 교황은 크리스트교를 중심으로 유럽 전체를 통합하려 했고, 왕은 상인과 도시민의 지지를 얻어 왕권을 강화하려고 애썼어. 상인들은 비잔티움 제국이 독점하던 동방 무역의 이익을 차지하고 싶어 했다.

십자군이 튀르크군과 전투를 벌이는 모습

십자군 전쟁을 계기로 교황과 왕의 권력 다툼은 더욱 복잡해졌고, 결국 프랑스의 필리프 4세는 교황청을 로마에서 아비뇽으로 옮기게 했어. 교황이 약 70년 동안 프랑스 아비뇽에 머물러 있던 이 시기를 '아비뇽 유수'라고 불러. 이 시기 교황의 영향력은 크게 줄었고, 왕권은 강해졌어.

또 십자군 전쟁을 통해 동서 무역이 훨씬 더 활발해졌고, 상공업이 크게 발전하면서 도시가 빠르게 성장했어. 유럽의 상인과 수공업자는 새로운 무역로를 통해 부를 축적할 수 있었고, 이에 따라 중세 도시의 경제적 기반이 더욱 튼튼해졌지. 반면, 봉건 영주와 기사는 십자군 전쟁에 참여하면서 큰 비용과 희생을 치렀어. 전쟁에서 돌아오지 못하거나 경제적으로 몰락하는 기사와 영주도 많았어.

교황과 봉건 영주의 힘이 약해지자, 도시민과 상인의 지지를 받는 왕의 권력이 더 커졌어. 왕은 중앙 집권적인 국가를 만들 수 있게 되었고, 유럽 각국은 근대 국가로 나아가는 기반을 마련하게 됐어.

십자군 전쟁은 단순한 종교 전쟁이 아니라, 유럽의 정치, 경제, 사회 구조를 크게 바꾼 역사적 전환점이었어.

13과 금요일은 불길하다?

숫자 13은 예수의 최후의 만찬과 깊은 관련이 있어. 이 만찬에 예수와 12명의 제자가 함께했는데, 13번째 자리에 앉은 유다가 예수를 배신했다고 해. 그래서 크리스트교 문화권에서는 숫자 13을 불길하게 여겨. 실제로 운동선수의 등 번호에서 13을 빼거나 건물의 13층을 'T'로 표기할 때도 있어. 우리나라에서 4층 대신 'F'를 쓰는 것과 비슷하지.

서양에서는 금요일을 불길하게 여기는 인식이 있어. 예수가 십자가에 못 박혀 죽은 날이 바로 금요일이기 때문이야. 그뿐만이 아니야. 아담과 하와가 선악과를 먹은 날, 카인이 아벨을 죽인 날, 노아의 방주가 대홍수를 맞아 항해를 시작한 날, 솔로몬의 예루살렘 성전이 붕괴한 날도 모두 금요일이라는 이야기가 전해져.

한때 13일의 금요일에 컴퓨터를 켜면 안 된다는 소문도 있었어. 1987년에 발견된 예루살렘 바이러스는 이날에만 작동해 컴퓨터 파일을 파괴했거든.

13일의 금요일에 사고나 재난이 더 많이 일어난다는 과학적 근거는 없지만, 서양에서는 이날을 꺼리는 사람이 많아. '13'과 '금요일'이 만나면 사건, 사고가 생길 거라는 생각이 퍼져서, 사람들은 13일의 금요일을 불길하다고 여기게 됐어.

2장

검에 깃든 재주

도쿠가와 가문을 저주하는 검, 무라마사

사무라이의 명품, 무라마사

  10세기경, 일본에서는 말을 탄 무사가 등장하면서 일본도가 발달하게 됐어. 이후 시대에 따라 일본도를 만드는 장인과 문파가 생겨났지. 야스쓰나, 산조, 마사무네, 무라마사 등이 유명했어. 이들이 만든 칼은 날카로울 뿐 아니라, 칼날을 이루는 곡선이 아름다웠어. 일본도를 만드는 데는 아주 수준 높은 기술이 필요했어. 대를 이어 내려온 기술로 만든 일본도는 예술 작품 그 자체였어.

  센고 무라마사는 센고쿠 시대에 활약한 전설적인 장인이야.

센고 무라마사부터 무려 5대에 걸쳐 이 집안에서 만든 칼과 창을 무라마사라고 불러.

무라마사는 날카롭고 아름다운 검으로 유명했어. 얼마나 날카로운지 쇠도 자를 수 있다는 소문이 있을 정도였지. 무라마사는 사무라이(일본 봉건 시대 무사)라면 누구나 가지고 싶어 하는 명품 칼이었어.

센고쿠 시대에는 끊임없는 전쟁 때문에 칼이 필요한 곳이 폭발적으로 늘어났어. 이에 따라 무라마사도 많이 만들어져 평범한 사무라이에게까지 퍼지게 됐지.

도쿠가와 가문을 저주하는 검

일본에선 해만 뜨면 전쟁을 치르는 시기가 있었어. 바로 센고쿠 시대였지. 센고쿠 시대를 대표하는 세 명의 장군이 있었어. 오다 노부나가, 도요토미 히데요시, 도쿠가와 이에야스였어. 그중 세력이 가장 강한 사람은 오다 노부나가였어.

도쿠가와 이에야스는 세력을 넓히기 위해 장남 노부야스를 오다 노부나가의 딸 도쿠히메와 결혼시켰지. 일종의 결혼 동맹이었어. 하지만 이 결혼은 안타깝게도 불행의 씨앗이 되었어.

도쿠가와 이에야스의 아내와 며느리 사이는 좋지 않았어. 그럴 수밖에 없었어. 아내의 가문과 며느리의 가문이 서로 적이었거든.

어느 날, 며느리가 친정아버지에게 편지를 보냈어. 시어머니와 남편이 적과 내통한다는 내용이었어. 성격이 급한 오다 노부나가는 딸의 편지를 보고 화가 났지.

결국 1579년 도쿠가와 이에야스는 오다 노부나가의 연락을 받았어.

"반역을 꿈꾸는 그대의 아내와 장남 노부야스를 죽여라!"

도쿠가와 이에야스는 믿을 수 없었어. 눈을 비비고 다시 편지를 들여다보았지. 하지만 내용은 그대로였어.

부하들이 강하게 반대했어.

"따르시면 안 됩니다. 우리의 기를 꺾으려는 속셈입니다."

어찌 처와 자식을 죽이냐는 얘기였지. 하지만 모든 사람이 같은 말을 하지는 않았어.

"때를 기다려야 합니다. 명을 거부하기에는 저희 세력이 너무 약합니다."

다른 부하들도 고개를 끄덕였어. 이에야스가 살아남아야 후일을 기약할 수 있다고 말했지. 지금은 숨을 죽인 채 엎드려야 한다고 강조했어.

이에야스의 장남 노부야스는 오다 노부나가의 사위이기도 했어. 하지만 노부나가에게 사위 목숨은 정치보다 중요하지 않았어. 말이 결혼 동맹이지 사실은 부하나 다름없었지.

힘이 없던 도쿠가와 이에야스는 스물한 살밖에 안 된 아들의 죽음을 지켜볼 수밖에 없었어.

도쿠가와 이에야스는 바닥에 무릎을 꿇고 있는 아들 노부야스를 쳐다봤어. 사무라이의 할복은 스스로 배를 가르는 거였어. 지켜보는 사람들은 숨도 쉬지 못했어. 이에야스도 아들을 도와줄 수 없었어.

노부야스는 무릎을 꿇고 앉은 채 칼을 꺼냈어. 그리고 숨을 들이켜고는 자신의 배를 갈랐어. 옆으로 쓰러진 노부야스 손에 들린 칼은 무라마사였어.

도쿠가와 이에야스의 눈가에 눈물이 흘렀어. 하지만 바로 뒤로 돌아 자신의 성으로 돌아갔어. 이를 악물고서 말이야. 그는 언젠가는 이 수모를 잊지 않고 갚겠다고 결심했지.

20여 년의 시간이 흘렀어.

그 사이에 오다 노부나가는 일본 통일을 보지 못하고 죽었어. 노부나가의 뒤를 이어 그의 부하였던 도요토미 히데요시가 일본을 통일했지만, 정유재란 중 병으로 죽었지.

1600년, 드디어 도쿠가와 이에야스가 기다리던 기회가 찾아왔어.

　누가 정권을 잡을지를 두고 전쟁이 일어났어. 바로 세키가하라 전투야. 반나절 동안 20만 대군이 싸웠고 치열한 전투 끝에 도쿠가와 이에야스가 이겼어. 그는 이 승리로 일본을 통일하고 에도 막부를 열었어. 에도 막부는 265년 동안 이어졌지.
　오랜 세월 동안 이인자로 기회를 엿보다 권력을 잡은 도쿠가와 이에야스는 기분이 좋았어. 그때 부하 오다 유라쿠자이가 무라마사의 창으로 승리에 힘을 보탰다는 이야기가 들렸어.

도쿠가와 이에야스는 그 창이 보고 싶었어. 무라마사의 검은 많이 봤지만, 창은 보지 못했거든. 그도 진정한 사무라이였지.

그런데 무라마사의 창을 살펴보던 도쿠가와 이에야스가 그만 창에 손을 베이고 말았어. 군대가 발칵 뒤집혔어. 매우 놀란 유라쿠자이는 바로 그 창을 없애 버렸어. 무라마사 창은 아주 귀했지만 하나도 아깝지 않았지.

부하의 성화에 도쿠가와 이에야스는 자리에 누웠어. 그러자 이런저런 생각이 많아졌어. 그동안은 전투를 치르느라 차분히 생각할 시간도 부족했어. 그는 제일 먼저 아들 노부야스가 생각났어. 20여 년이 지났지만, 아직도 도쿠가와 이에야스는 아들이 죽은 그날을 잊을 수 없었어. 그날 아들이 할복에 사용한 칼은 무라마사였어.

도쿠가와 이에야스는 문득 할아버지 기요야스의 일이 떠올랐어. 오다 노부히데와 전쟁하던 때에 할아버지를 배신한 부하가 있었어. 아베 야지로였지. 그는 할아버지에게 갑자기 칼을 휘둘렀어. 할아버지의 오른쪽 어깨부터 왼쪽 옆구리까지 칼자국을 냈지. 그때 할아버지를 벤 검도 무라마사였어.

도쿠가와 이에야스는 몸을 뒤척였어. 꼬리에 꼬리를 물고 생각이 끊이지 않았지.

아버지의 죽음도 마찬가지였어. 어느 날 아버지는 부하가 휘두른 칼에 허벅지를 베였어. 그리고 시름시름 앓다가 죽었지. 그 칼도 무라마사였어.

"무라마사가 우리 가문을 저주하는 게 분명해!"

도쿠가와 이에야스는 계속된 우연이 불길하다고 생각했어. 하지만 이제 그는 힘없는 일개 장수가 아니었어. 도쿠가와 이에야스는 벌떡 일어나 명령했어

"무라마사를 모두 없애라!"

무라마사를 지니면 반역

세월이 흘러 도쿠가와 이에야스의 손자가 3대 쇼군이 되었어.

나가사키를 다스리는 성주, 다케우치 시게요시는 무라마사를 모으고 감상하는 취미가 있었어.

"이렇게 무라마사를 계속 사들여도 될까요?"

성주 시게요시를 보좌하는 부관이 말했어. 그는 말하면서도 불안한지 자꾸 주변을 두리번거렸지.

"뭐가 걱정이냐? 그래서 몰래 사 모으고 있지 않나?"

부관의 걱정에도 아랑곳하지 않고 시게요시는 취미를 즐겼어. 하지만 마음 놓고 즐기기에 무라마사는 섬뜩한 칼이었지. 시퍼렇게 선 날카로운 칼날이 무라마사의 특징이었어.

"이 칼날의 파도 무늬를 보아라. 황홀하지 않은가!"

시게요시는 방 하나를 무라마사만을 위한 곳으로 꾸몄어. 투박한 칼집과는 달리 거기서 나온 번쩍거리는 칼날을 보면 밥을 먹지 않아도 배가 불렀어. 하나둘 사 모은 무라마사는 어느새 24자루나 되었어.

"쇼군이 반대한다고 해도, 명검의 가치는 변하지 않는다. 무라마사는 세월이 지날수록 비싸질 거다. 쇼군도 사무라이이니 결국에는 무라마사의 가치를 인정하실 테지."

에도 막부의 초대 쇼군 도쿠가와 이에야스가 무라마사를 불길하게 생각하자 부하들은 무라마사를 기피했어.

"무라마사를 지니면 해가 된다."

"무라마사를 지니면 광기에 휩싸여 사람을 닥치는 대로 베게 된다. 무라마사는 저주의 칼이다."

"무라마사를 지니는 건 반역이나 다름없다."

급기야 이런 말이 돌았어. 시간이 지나 2대 쇼군, 3대 쇼군이 권력을 잡아도 마찬가지였지.

하지만 다케우치 시게요시는 느긋했어. 무라마사의 소유를 금지한다는 초대 쇼군의 명령이 있었는데도 말이야.

'쇼군의 명이라 해도 보석을 태울 수는 없지!'

어느 날, 쇼군이 보낸 조사관이 나가사키성으로 들이닥쳤어.

"성주 시게요시가 부정을 저질렀다는 첩보가 들어왔다. 상인과 소송을 벌이고 있다는 이야기도 들었다. 우린 모든 일을 법에 따라 처리할 것이다."

다케우치 시게요시는 걱정이 됐어. 사실 그는 소소하게 부정부패를 저질렀거든.

'큰 잘못은 아니니, 괜찮겠지? 그런데 뭔가 좀 찜찜하군.'

시게요시는 부관과 머리를 맞대고 고민했어. 사실 쇼군은 청렴한 관리를 우대하고 있었어. 하지만 소소한 부정부패는 자신만 저지른 게 아니라 억울했어.

"제가 알아보니 가까운 무인도로 유배 가는 벌일 것 같습니다. 재산을 빼돌려 놨으니, 걱정하지 마세요."

부관이 말했어. 오랫동안 손발을 맞춘 부관이 오늘따라 더 만족스러웠지.

그런데 문제는 다른 곳에서 나왔어. 조사관이 갑자기 병사를 시켜 시게요시를 끌어냈지. 뇌물도 충분히 주었는데 뭐가 문제인지 이해가 되지 않았어.

"조사 과정에서 무라마사 24자루가 발견되었다. 성주의 부정부패에 대한 벌은 유배형이 적당하다. 하지만 쇼군이 금지한 무라마사를 가지고 있었기에 반역죄를 추가한다!"

하늘이 무너지는 것 같았어. 명검 수집이 유일한 즐거움이라는 말은 허공에 흩어졌어.

"무라마사를 가지고 있는 것만으로도 쇼군의 명을 어긴 불충! 부정부패에 반역죄까지 있으니 용서할 수 없다. 할복하라!"

에도 막부를 무너뜨린 유신지사의 검

많은 시간이 흐른 뒤, 에도 막부를 무너뜨리고 메이지 유신으로 근대화를 이루려는 사람들이 생겨났어. 유신은 낡은 제도를 고쳐 새롭게 시작한다는 뜻이야.

에도 막부에도 천황은 존재했어. 하지만 모든 권력은 장군인 쇼군이 가졌지. 에도 막부 시대의 일본은 쇼군을 중심으로 막부가 통치하는 봉건 국가였어. 메이지 유신은 막부의 봉건 국가를 개혁해 천황 중심의 중앙 집권화를 이뤘어. 메이지 유신으로 일본은 아시아의 강자가 되었어. 이때 근대 국가를 수립하기 위해 적극적으로 활동한 사람을 유신지사라고 불렀어.

 에도 막부를 없애자고 외쳤던 일부 유신지사는 무라마사를 허리에 차고 다녔어. 왜 무라마사였냐고? 에도 막부를 반대하는 상징으로 도쿠가와 가문을 저주하는 무라마사를 차고 다녔다고 해.

이야기 속 역사

센고쿠 시대를 평정하고 에도 막부를 연 도쿠가와 이에야스

일본 통일을 이끈 세 명의 장수

센고쿠 시대, 즉 전국 시대는 일본 역사상 가장 혼란스러웠던 시기야. 수많은 영주가 서로 싸워 전국이 전쟁터가 되었지. 혼란을 끝내고 일본 통일의 길을 연 인물이 오다 노부나가, 도요토미 히데요시, 그리고 도쿠가와 이에야스야.

오다 노부나가

오다 노부나가는 세 명의 장수 중 가장 먼저 권력을 잡았어. 그의 군사 전략은 매우 혁신적이었어. 노부나가는 서양 문물과 기술을 적극적으로 받아들였어. 1543년 포르투갈 상인이 일본에 조총을 가져왔어. 노부나가는 조총(일본어로 '데포')을 적극적으로 활용했지. 그는 사무라이에게 칼 대신 조총을 들게 했고, 대량으로 조총을 사들여 군대에 배포했어.

1575년 나가시노 전투에서 오다 노부나가와 도쿠가와 이에야스의 연합군은 다케다 가쓰요리의 기마 부대와 맞붙었어. 노부나가는 조총 부대를 삼 열로 배치한 후, 교대로 사격하는 전술로 가쓰요리의 최강 기마 부대를 격파했어. 이 전투에서 조총이 없는 군대가 무모하게 돌진해 패배했다고 해서 '무데포'라는 말이 나왔어. 오늘날 무데포는 '무모한 행동'을 뜻하는 말로 쓰이지.

노부나가는 세력을 넓혀 일본 통일의 기반을 마련했어. 하지만 독재적인 통치 방식 때문에 부하 아케치 미쓰히데가 반란(혼노지의 변)을 일으켰고, 노부나가는 스스로 목숨을 끊었어.

도요토미 히데요시

　도요토미 히데요시는 세 명의 장수 중 가장 출생 신분이 낮았어. 그의 아버지는 아주 낮은 계급의 병사였다고 해. 히데요시는 사람을 모으고 문제를 해결하는 능력이 뛰어났어. 그는 오다 노부나가가 마련한 기반 위에서 일본을 무력 통일했지. 자신의 세력을 과시하고 정치적 기반을 다지려 오사카성을 세우기도 했어. 통일 후 일본은 무사 계층의 불만이 컸어. 그래서 그는 사람들의 관심을 나라 밖으로 돌리기 위해 전쟁을 일으켰어. 중국을 정복해 위세를 떨치려는 마음도 있었지.

　도요토미 히데요시는 명나라로 가는 길을 열어 달라고 조선에 요청했지만, 선조는 이를 거절했어. 1592년 히데요시는 16만 대군을 동원해 조선을 침략했어. 이 전쟁이 '임진왜란'이야. 일본군이 패배하자, 1597년 도요토미 히데요시는 다시 군대를 동원해 정유재란을 일으켰어. 하지만 전쟁은 일본에 불리하게 전개됐고, 도요토미 히데요시도 건강이 나빠져 병으로 죽게 되었지. 그가 사망하자 일본군은 모두 조선에서 철수했어.

도쿠가와 이에야스

　도쿠가와 이에야스는 오다 노부나가와 도요토미 히데요시를 섬기며 센고쿠 시대의 주요 세력가로 성장했어. 도요토미 히데요시가 사망한 뒤, 권력 투쟁이 심해지면서 도쿠가와 이에야스는 일생일대의 도전을 하게 돼. 바로 세키가하라 전투야. 전투는 1600년 10월 21일, 단 하루 만에 결판이 났어. 하지만 준

세키가하라 전투

비 과정과 정치적 싸움은 매우 길고 치열했어. 세키가하라 전투에서 승리한 도쿠가와 이에야스는 1603년 쇼군에 올라 에도 막부를 열고 일본을 통치하게 되었지.

에도 막부와 막번 체제의 탄생

도쿠가와 이에야스는 쇼군이 되었어. 쇼군은 장군이라는 뜻으로, 천황 다음으로 최고의 권력자였어. 에도 막부의 정치 체제를 '막번 체제'라고 불러. 쇼군의 통치 기구인 막부와 다이묘(지방의 봉건 영주)의 영지인 번을 합쳐서 부르는 말이지.

이에야스는 기존 다이묘 중에 자신에게 머리를 숙인 이는 그대로 두고,

막번 체제의 핵심, 에도성

반대파는 없앴어. 또 자신의 편에 선 사람을 새 다이묘로 임명하고 영지를 내렸어. 영지를 받은 다이묘는 그에게 충성을 맹세했지. 다이묘는 자신의 지역을 직접 다스렸지만, 막부가 여러 제도를 통해 다이묘의 활동을 감시하고 군사적, 정치적 결정권을 쥐었어.

에도 시대의 신분제와 사회 구조

에도 시대의 사회 구조는 엄격했어. 신분마다 권리와 의무가 명확하게 정해져 있었지. 사무라이는 다이묘와 막부에 충성하고, 전투뿐 아니라 행정, 치안 등 다양한 역할을 맡았어. 사무라이 중에는 문학과 예술에 뛰어난 인물도 많았지.

인구 대다수인 농민은 쌀로 세금을 낼 의무가 있었어. 상인과 장인은 신분상 가

장 아래에 있었지만, 경제 활동이 활발해지면서 막대한 부를 쌓은 사람도 나타났어. 공식적으로는 신분 이동이 거의 불가능했지만, 사회 변화에 따라 경제적·문화적으로 영향력을 키운 사람도 있었어.

에도 시대의 경제 발전과 쇄국 정치

에도 막부의 안정적인 통치가 계속되자 농업 생산량이 늘고, 상업과 도시 경제가 활발해졌어. 에도는 막부의 정치적 중심지로 크게 성장했어. 에도뿐이 아니었어. 오사카, 교토 등 다른 도시들도 성장해 상업과 문화의 중심이 되었어. 또 에도 시대에는 일본의 전통 예술과 문학이 발전했어.

하지만 외교와 무역은 달랐어. 에도 막부는 공식적으로 쇄국 정책을 실시했어. 쇄국은 국경을 막고 다른 나라와 상업 활동이나 교류를 하지 않는 것을 말해. 에도 막부가 모든 나라와 교류를 끊은 건 아니었어. 중국(청나라), 네덜란드와의 공식적인 교역은 나가사키에서 허용했어. 이들과의 교류를 통해 서양 문물과 기술이 일부 일본에 들어왔지.

에도 막부의 붕괴

에도 시대 후반, 평화가 지속되면서 사무라이 계층은 일거리가 없어 살기 힘들어졌어. 가혹한 세금을 내야 하는 농민도 마찬가지였지. 하지만 상인 계층은 달랐어. 그들은 부를 계속 축적했어. 경제적 불균형과 빈부 격차는 사회적인 불만을 키웠어. 게다가 1853년 미국의 페리 제독이 강제로 개항을 요구하는 일이 벌어졌어. 에도 막부는 경제적인 문제, 서구의 압력, 내부 개혁의 열망이 커지면서, 결국 메이지 유신으로 붕괴했어.

죽음을 부르는 다이아몬드

소유하면 죽는, 저주받은 다이아몬드

4월의 탄생석, 다이아몬드

  태어난 달을 상징하는 보석이 있어. 바로 탄생석이야. 사람들은 탄생석이 행운을 불러들인다고 해서 몸에 지니고 다니지. 오랫동안 사람들은 탄생석에 초자연적인 힘이 있다고 생각했어.

  다이아몬드는 4월의 탄생석이야. 보석의 왕으로 불리는 다이아몬드는 '불멸'과 '사랑'을 뜻한다고 해. 고대 인도에서 다이아몬드는 행운의 상징이었어.

  15세기에 오스트리아 합스부르크 가문의 후계자, 막시밀리안 대공이 약혼자인 부르고뉴 공국의 마리에게 다이아몬드 반지를 선물했어. 이를 계기로 다이아몬드는 유럽 귀족 사회에서 큰 인기를 얻게 되었어.

다이아몬드가 아주 비싼 보석이다 보니 범죄의 표적이 되는 경우도 많았어. 소유한 사람에게 불행을 가져다준다는 이야기가 전해지는 다이아몬드도 있어. 이 다이아몬드는 저주받은 다이아몬드라고 불리지.

왕가를 몰락시키는 보석, 피렌체 다이아몬드

밝은 노란빛의 피렌체 다이아몬드는 무려 이천 년 전 인도에서 발견되었어. 어느 순간 피렌체 다이아몬드는 인도에서 유럽으로 흘러 들어갔어. 그리고 보석 수집으로 유명한 샤를 공작의 손에 들어갔지.

부르고뉴 공국의 샤를 공작은 수많은 전투를 승리로 이끈 영웅이었어. 부르고뉴 공국은 15세기 유럽에서 강력한 나라 중 하나였어. 프랑스와 어깨를 나란히 할 정도였지. 샤를 공작은 저주받은 다이아몬드 중 하나인 상시 다이아몬드도 소유했다고 해. 그는 값비싼 보석이 많았는데 그중에서 특히 피렌체 다이아몬드를 아주 아꼈어. 그는 피렌체 다이아몬드가 너무도 소

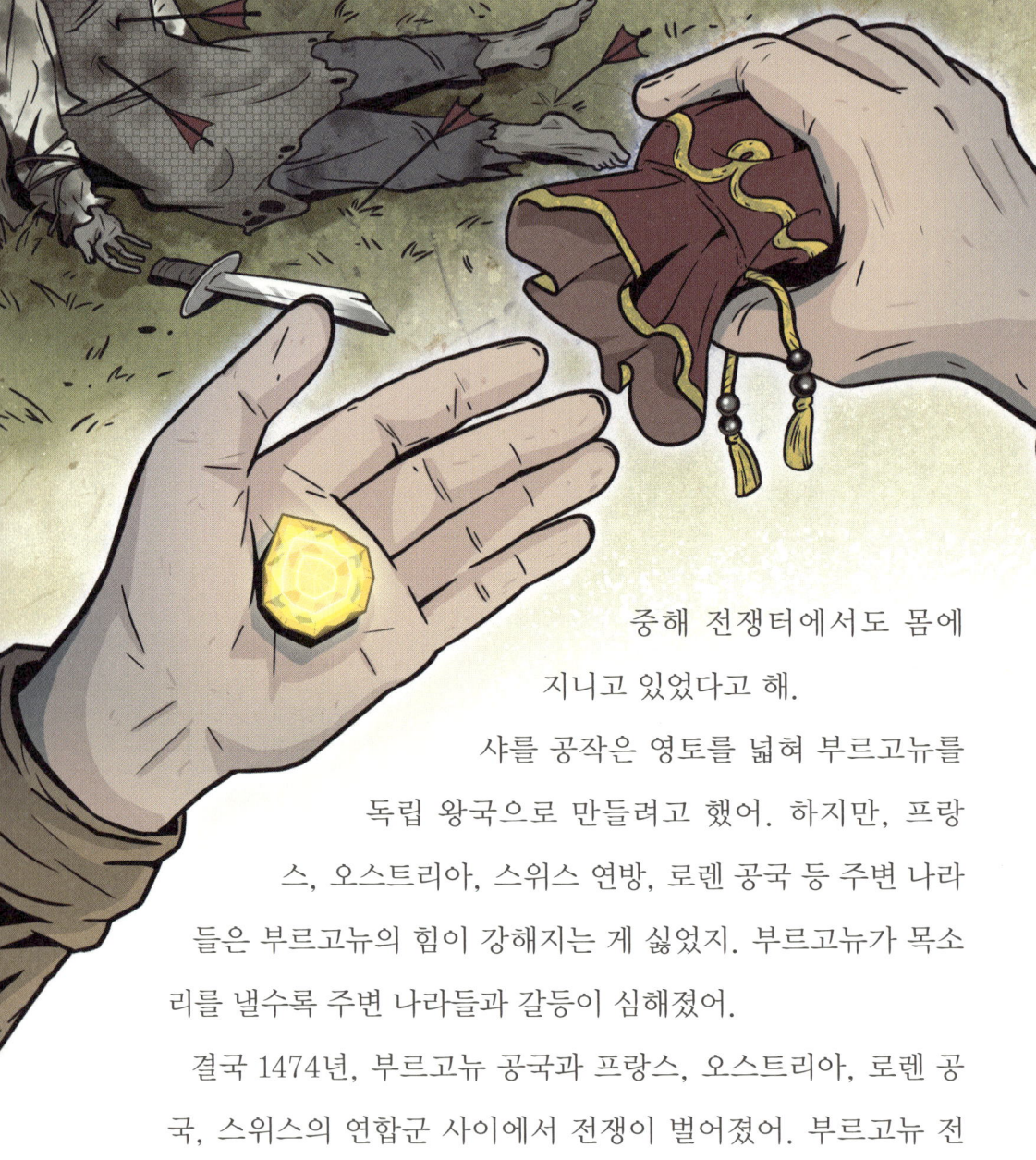

중해 전쟁터에서도 몸에 지니고 있었다고 해.

샤를 공작은 영토를 넓혀 부르고뉴를 독립 왕국으로 만들려고 했어. 하지만, 프랑스, 오스트리아, 스위스 연방, 로렌 공국 등 주변 나라들은 부르고뉴의 힘이 강해지는 게 싫었지. 부르고뉴가 목소리를 낼수록 주변 나라들과 갈등이 심해졌어.

결국 1474년, 부르고뉴 공국과 프랑스, 오스트리아, 로렌 공국, 스위스의 연합군 사이에서 전쟁이 벌어졌어. 부르고뉴 전쟁이었어. 힘이 강해진 부르고뉴 공국이었지만, 여러 나라의 연합군과 겨루기에는 역부족이었어. 샤를 공작은 여러 차례 패했지.

1477년 1월 5일, 낭시 전투가 벌어졌어. 부르고뉴 전쟁의 승패가 결정된 마지막 전투였지. 낭시성 외곽에서 부르고뉴군은 로렌 공국, 스위스의 연합군과 격돌했어. 샤를 공작은 사기가 저하된 병사들을 독려했지만, 압도적인 병력 앞에 패배했어. 게다가 전투 중에 샤를 공작은 전사하고 말았지.

삼 일 뒤, 농민 출신 병사가 전투지 인근에서 샤를 공작의 시신을 발견했어. 시신이 방치되어 짐승에게 뜯기긴 했지만, 옷감이 남달라 보였어. 병사는 망설였어. 저 시신을 뒤지면 뭔가 돈이 될 만한 게 나올 것 같았어. 결국 그는 눈을 질끈 감고 시신의 주머니를 뒤졌어.

"이건 유리인가? 왜 이렇게 좋은 주머니에 싸 놓았지?"

병사는 샤를 공작의 시신에서 나온 다이아몬드가 색이 예쁜 유리인 줄 알고, 겨우 2프랑에 스위스 사람에게 팔았어.

샤를 공작은 피렌체 다이아몬드 저주의 첫 희생자로 불려. 그는 뛰어난 외교 능력을 지닌 사람이었어. 당시 부르고뉴 공국 주변에는 강대국인 프랑스, 오스트리아, 스위스 연방, 영국이 있었어. 특히 샤를 공작은 프랑스에 맞서 부르고뉴의 세력을 키우려 노력했어. 하지만 그의 죽음으로 부르고뉴 공국은 역사에서 사라지고 말았어.

낭시 전투 이후, 프랑스는 부르고뉴 공국의 영토 일부를 흡수했어. 덕분에 더욱 강력한 국가가 되었지. 부르고뉴의 나머지 영토는 샤를 공작의 외동딸 마리가 물려받았어. 이후 마리가 합스부르크 가문의 막시밀리안 대공과 결혼하면서, 부르고뉴의 영토는 합스부르크 가문으로 넘어가게 돼. 그리고 훗날 합스부르크의 왕이 된 막시밀리안 대공(막시밀리안 1세)이 신성 로마 제국의 황제 자리에 오르는 토대가 되지.

피렌체 다이아몬드가 교황 율리오 2세의 소유였다는 이야기도 전해져. 중세 이후 이탈리아반도는 여러 도시 국가와 공국, 왕국으로 갈라져 오랜 시간 혼란이 이어졌어. 로마를 중심으로 한 교황령도 주변 나라로부터 영토를 지켜야 했지.

교황 율리오 2세는 주변 나라들이 교황령 영토를 넘보자, 위기감을 느꼈어. 그는 교황의 권위와 영토를 되찾으려 결단을 내렸지.

"위기가 기회다. 지금이 교황령의 세력을 확장할 때야!"

율리오 2세는 갑옷을 챙겨 입고는 군대를 이끌고 전쟁터로 향했어. 그는 다른 교황과 달리 손에 피를 묻히는 걸 두려워하지 않았어. 율리오 2세는 잃었던 영토를 되찾고 '전사 교황'이라는 별명을 얻었지.

율리오 2세가 전쟁에만 열중한 것은 아니야. 그는 예술을 사랑해 여러 예술가를 후원했어. 그는 낡은 성 베드로 대성당을 헐고, 당시 최고 예술가들에게 의뢰해 크고 아름답게 지었어. 또 율리오 2세는 대성당의 천장화를 미켈란젤로에게 그리게 했는데, 이 그림이 유명한 〈천지창조〉야. 율리오 2세는 교황령의 구세주로도, 전쟁에 미친, 피에 굶주린 흡혈귀로도 불렸어.

하지만 용맹한 율리오 2세도 이탈리아반도를 통일하려는 꿈을 이루지 못하고 갑작스레 고열로 죽었어. 사람들은 율리오 2세도 피렌체 다이아몬드 저주의 희생자라고 수군거렸어.

1737년, 로렌 공국의 프란츠 스테판 공작은 토스카나 대공국의 통치권을 받았어. 메디치 가문의 후계가 끊겨, 그에게 통치권이 넘어오게 됐지. 이때 토스카나 대공국의 소유였던 피렌체 다이아몬드도 스테판 공작에게 넘어왔어.

프란츠 스테판 공작의 부인은 훗날 오스트리아 합스부르크 왕가의 여왕이 되는 마리아 테레지아였지. 토스카나 대공이 된 프란츠 스테판은 부인에게 피렌체 다이아몬드를 선물했어.

"남편이 다스리는 도시 이름을 따서 다이아몬드 이름을 피렌체 다이아몬드라고 짓겠어."

이 다이아몬드가 피렌체 다이아몬드로 불린 건 이때부터야. 토스카나 대공국의 중심 도시는 피렌체였어. 마리아 테레지아는 직접 이름까지 지을 정도로 피렌체 다이아몬드를 아꼈어.

시간이 흘러 막내딸 마리 앙투아네트가 결혼해 프랑스로 떠나게 되었어.

"마리 공주의 혼수로 피렌체 다이아몬드를 보내야겠어. 마리의 영원한 아름다움과 부를 위해!"

마리아 테레지아는 마리 앙투아네트에게 피렌체 다이아몬드를 물려주었어. 하지만 마리 앙투아네트에게 다이아몬드가 전해진 후 유럽은 전쟁에 휩싸였고, 프랑스 왕가는 몰락했어.

피렌체 다이아몬드의 저주는 거기서 끝나지 않았어.

1804년, 나폴레옹은 국민 투표를 통해 황제가 되었어. 그리고 1810년 오스트리아의 마리 루이즈 공주와 재혼했지. 피렌체 다이아몬드는 루이즈의 소유가 되었어.

황제가 된 나폴레옹은 영국을 공격했어. 트라팔가르 해전이

었지. 전투에서 패배한 나폴레옹은 '대륙 봉쇄령'으로 영국을 유럽에서 외톨이로 만들려고 했어. 하지만 러시아가 봉쇄령을 어기고 영국에 식량을 수출했어. 화가 난 나폴레옹은 러시아에 쳐들어갔어. 하지만, 러시아군의 반격으로 심각한 피해를 당하고 철수했지. 결국 그는 결혼 4년 만인 1814년에 엘바섬으로 유배를 가게 되었어. 말하기 좋아하는 사람들은 피렌체 다이아몬드의 저주 때문이라고 수군거렸어.

1854년, 오스트리아·헝가리 제국의 황제 요제프 1세가 독일 바이에른의 엘리자베트 공주와 결혼하면서 피렌체 다이아몬드를 선물했어. 하지만 황후가 된 엘리자베트는 우울증과 거식증에 시달렸고, 아들까지 자살해 불행하게 살았다고 해. 그리고 1898년, 스위스에서 여행하는 도중에 이탈리아 무정부주의자의 칼에 맞아 숨졌지.

비극은 이게 끝이 아니야.

피렌체 다이아몬드가 오스트리아·헝가리 제국 금고에 보관되어 있을 때였어. 1914년 6월 28일, 왕위 계승자인 페르디난트 대공과 그의 부인이 사라예보에서 총에 맞아 죽고 말았어. 제1차 세계 대전의 시작이었어.

불운의 왕비, 마리 앙투아네트

마리 앙투아네트는 오스트리아 마리아 테레지아 여왕의 막내 딸이었어. 당시 프랑스와 오스트리아는 앙숙이었어. 하지만 마리아 테레지아 여왕은 프랑스와의 관계를 좋게 만들고 싶었어. 프랑스도 영국을 견제하기 위해 오스트리아와 친하게 지낼 필요가 있었지. 그래서 두 나라는 오스트리아의 마리 공주와 프랑스의 황태자(훗날 루이 16세)를 결혼시켜 동맹을 맺었어. 마리 앙투아네트는 황태자비가 되어 베르사유 궁전에 살게 됐어.

결혼 동맹을 맺었지만, 프랑스 국민에게 오스트리아는 아직도 원수였어. 오스트리아에서 온 왕비에 대한 감정이 좋을 수가 없었지. 결국 마리 앙투아네트에 대한 나쁜 소문이 났어. 프랑스 왕실이 돈이 없어 파산했는데, 그 원인이 마리 앙투아네트 왕비의 사치 때문이라는 소문이었어. 프랑스 국민은 왕비를 비난했어.

사실 프랑스 왕실의 파산은 루이 14세 때부터 이어진 사치와 전쟁, 그리고 루이 16세의 무능함 때문이었어. '태양왕'으로 불린 루이 14세는 위엄을 나타내고 싶었어. 그래서 어마어마하게 크고 호화로운 베르사유 궁전을 지었지. 물론 엄청난 돈이 들었어. 또한 루이 16세는 미국의 독립 전쟁을 지원하느라 큰돈을 썼어. 국고는 거의 바닥나게 됐지.

"빵이 없으면 케이크를 먹으면 되지."

굶주린 농민들이 폭동을 일으키자, 마리 앙투아네트가 한 말이라고 전해져. 사실 이 말은 프랑스 철학자 루소의《참회록》에 나와. 하지만 프랑스 혁명 세력은 왕실을 끌어내리기 위해 그녀가 한 말이라고 국민에게 거짓말했어. 마리 앙투아네트를 악녀라고 생각했던 국민은 그 말을 의심 없이 믿었지. 그러다 1785년에 마리 앙투아네트의 목걸이 사건이 발생했어.

미리 말하자면, 이 사건의 범인은 라모트 백작 부인이었어. 가난한 귀족인 그녀는 간이 크게도 일생일대의 사기극을 벌였어. 그녀는 프랑스 궁정에서 입지가 불안한 추기경에게 접근해 자신이 마리 앙투아네트 왕비와 가까운 사이라고 속였어. 라모트 백작 부인은 왕비가 비밀리에 고가의 다이아몬드 목걸이를 사려 한다고 추기경에게 거짓말했어.

왕비에게 잘 보이고 싶었던 추기경은 보석상에게서 목걸이를 사들여 백작 부인에게 전달했지. 다이아몬드 5백여 개가 세 줄로 이어진 값비싼 목걸이였어. 백작 부인은 목걸이를 가지고 해외로 도망갔어.

기막힌 사기극으로 마리 앙투아네트의 평판은 바닥에 떨어졌어. 라모트 백작 부인이 가로챈 목걸이는 저주받은 다이아몬드는 아니었어. 하지만 마리 앙투아네트에게는 저주 그 자체였지. 재판까지 열리게 됐어.

재판에서 마리 앙투아네트는 무죄를 선고받았지만, 프랑스 국민은 왕비가 사치스럽다고 생각하게 되었고, 왕실에 대한 분노가 커졌어. 이 사건은 프랑스 혁명의 도화선이 되었어. 결국 마리 앙투아네트는 1793년 10월 단두대에서 처형되었어.

마리 앙투아네트가 죽은 후 프랑스 왕실이 소유했던 보석들은 여러 곳으로 흩어졌어. 몇몇 보석들은 경매를 통해 팔리기도 했어. 흩어진 보석 중에는 저주받은 다이아몬드가 있었어.

이야기 속 역사

유럽의 흥망성쇠를 함께한 저주받은 다이아몬드

소유자가 죽는, 저주받은 4대 다이아몬드

소유한 사람에게 불행을 가져다준다는 다이아몬드가 있어. 사실 다이아몬드가 워낙 비싼 보석이라, 노리는 사람도 많고 다이아몬드의 주인이 범죄에 휘말려 죽는 경우도 있었어. 진귀한 다이아몬드가 박물관으로 들어간 후에는 이상한 소문이 생기기도 했어. 특히 호프, 피렌체, 상시, 리젠트 다이아몬드는 저주받은 4대 다이아몬드라고 불렸어.

영화 〈타이태닉〉 속 다이아몬드의 모델, 호프 다이아몬드

블루 호프로도 불리는 호프 다이아몬드는 저주받은 다이아몬드 중 가장 유명해. 호프 다이아몬드는 1669년 프랑스 보석상 타베르니에가 인도에서 구매해 루이 14세에게 팔았다고 해.

이후 프랑스 왕실의 보물로 내려왔는데, 루이 16세와 마리 앙투아네트가 단두대에서 처형되면서 호프 다이아몬드의 저주라는 전설이 생겼어. 저주가 사실이든 아니든, 국민이 경제적 어려움을 겪는 상황에서 왕족과 귀족이 값

약 45.2캐럿의 호프 다이아몬드
ⓒ David Bjorgen

비싼 보석을 사 모으고 사치스러운 생활을 했던 것은 사실이야. 과도한 세금과 의무에 시달리던 프랑스 평민은 왕실과 귀족, 성직자가 누리던 불평등한 특권에 대한 반발로 프랑스 혁명을 일으켰지.

호프 다이아몬드는 프랑스 혁명 이후 여러 사람의 손을 거쳤어. 1830년 영국의 헨리 호프가 구매하면서 호프 다이아몬드라고 불리게 되었지. 이후 미국의 보석상 해리 윈스턴이 1958년 미국 스미소니언 박물관에 기증했어.

그럼, 타이태닉호의 침몰도 호프 다이아몬드의 저주였을까? 영화 〈타이태닉〉에 등장하는 '대양의 심장'은 호프 다이아몬드에서 영감을 받아 만든 가짜 보석이야. 타이태닉호의 침몰과는 아무 관련이 없어.

왕가에 불행을 가져온 피렌체 다이아몬드

피렌체 다이아몬드는 여러 나라를 거쳐 토스카나 대공국의 소유가 되었어. 토스카나 대공국의 통치자 프란츠 스테판(훗날 신성 로마 제국 황제 프란츠 1세)이 부인 마리아 테레지아(훗날 오스트리아 여왕)에게 선물하면서 합스부르크 왕가의 보물이 되었지. 피렌체 다이아몬드는 마리아 테레지아의 막내딸인 마리 앙투아네트의 혼수품으로, 프랑스로 넘어갔다는 이야기가 전해져. 마리 앙투아네트는 프랑스 혁명으로 1793년 단두

피렌체 다이아몬드가 메디치가에 있을 때의 모습을 재현한 복제품
ⓒ Manuelarosi

대에서 처형되었어. 피렌체 다이아몬드는 나폴레옹의 소유가 되었으나 결국 나폴레옹도 세인트헬레나섬으로 귀양을 가게 되었지.

이후 오스트리아·헝가리 제국의 엘리자베트 황후가 피렌체 다이아몬드를 소유했다고 해. 엘리자베트 황후는 1898년 스위스 제네바에서 살해되었어. 피렌체 다이아몬드는 오스트리아·헝가리 제국의 마지막까지 전해졌으나, 제국이 멸망한 뒤 사라졌어. 저주받은 4대 다이아몬드 중 유일하게 행방이 묘연해 지금도 많은 관심을 받고 있어.

영국 명예혁명, 프랑스 혁명과 연관된 상시 다이아몬드

저주받은 4대 다이아몬드는 모두 인도에서 발견되었어. 19세기에 남아프리카 공화국에서 다이아몬드 광산이 발견되기 전까지 인도는 세계에서 유일한 다이아몬드 생산지였지.

상시 다이아몬드는 1570년대에 오스만 제국에서 프랑스 대사로 근무하던 니콜라 드 상시가 구매해 프랑스로 가져간 후 유럽에 알려졌어. 프랑스의 헨리 3세와 헨리 4세가 상시로부터 이 다이아몬드를 빌려 모자 장식 등으로 사용했다고 해. 후에 상시는 영국의 제임스 1세에게 상시 다이아몬드를 팔았어. 1688년 제임스 2세가 명예혁명으로, 프랑스로 망명하면서 상시 다이아몬드도 프랑스로 넘어갔지.

상시 다이아몬드는 루이 14세의 대관식 왕관을 장식했고, 이후 프랑스 왕실의 보물로 전해졌어. 프랑스 혁명 중 루이 16세와 마리 앙투아네트는 처형당했어. 그때 왕실의 보석이 도난당하면서 상시 다이아몬드도 사라졌어.

1828년 러시아 부호인 데미 도프 공작이 구매하면서 상시 다이아몬드는 다시 세상에 나타났지. 1906년에는 미국 정치인 윌리엄 월도프 애스터가 구매했어. 1978년 루브르 박물관에서 상시 다이아몬드를 구매해 현재까지 전시하고 있어.

섭정의 다이아몬드, 리젠트 다이아몬드

1701년 인도에서 발견된 이 다이아몬드를 당시 인도 마드라스의 영국인 총독 피트가 사들여 약 140캐럿 크기로 세공했다고 해. 그래서 '피트 다이아몬드'라고 불렸어.

1717년 프랑스의 루이 15세가 어린 나이로 즉위하자, 그를 대신해 프랑스를 다스리던 오를레앙 공작이 피트 다이아몬드를 사들였어. 그리고 리젠트(Regent, 섭정)라는 이름을 붙여 루이 15세에게 선물했지.

리젠트 다이아몬드는 루이 15세와 루이 16세의 대관식 왕관에 장식되었고, 프랑스 왕실을 상징하는 보석이 됐지. 하지만 프랑스 혁명을 거치며 리젠트 다이아몬드를 소유한 프랑스 왕족은 몰락하고 말았어.

프랑스 혁명 중 많은 왕실 보물이 도난당했지만, 나폴레옹은 리젠트 다이아몬드를 되찾아 자신의 검에 장식했어. 나폴레옹 몰락 후에는 그의 두 번째 부인 마리 루이즈가 소유했지만, 마리의 아버지인 오스트리아 황제가 프랑스로 반환했어. 현재 리젠트 다이아몬드는 루브르 박물관에서 볼 수 있어.

약 140캐럿 크기의 리젠트 다이아몬드
ⓒ Shonagon

무슨 일이 있었을까?

영국의 명예혁명

1688년, 영국에서 '명예혁명'이 일어났어. 당시 영국의 왕은 제임스 2세였어. 그는 종교의 자유를 무시하고, 마음대로 나라를 다스리려 했지.

영국 의회는 제임스 2세를 몰아내기로 했어. 그리고 제임스 2세의 딸 메리와 네덜란드 총독인 사위 윌리엄에게 '공동 통치자'를 맡아 달라고 초청장을 보냈어. 의회는 그들이 영국의 자유와 권리를 지킬 적임자라고 생각했거든.

윌리엄과 메리는 군대를 이끌고 영국에 들어왔어. 제임스 2세는 프랑스로 도망쳤지. 윌리엄과 메리는 의회가 제정한 '권리 장전'에 서명했어. 두 사람은 왕과 의회가 권력을 나누는 입헌 군주제를 받아들였고, 공동으로 왕위에 올랐어. 피 한 방울 흘리지 않고 이루어진 혁명이기 때문에, 이 사건을 명예혁명이라고 불러.

명예혁명 이후, 영국은 왕도 마음대로 나라를 다스릴 수 없게 됐고, 시민들이 정치에 참여할 수 있는 길이 열렸어. 이 사건은 유럽 여러 나라에도 큰 영향을 주었어.

4장

심장이 사라진 왕

왕의 심장이 들어 있는 그림

루브르 박물관의 그림

 2010년 8월, 프랑스의 미술 전문지 〈보자르〉에 사람들을 놀라게 만든 기사가 실렸어. '예술계의 믿기 힘든 불가사의'라는 제목의 기사였지.

 이 기사에는 루브르 박물관에 왕의 심장으로 그린 그림이 있다는 내용이 담겨 있었어. 국립 문서 보관소의 분류 번호 03-623이라는 비밀 문서가 그 근거라고 주장했지. 프랑스 정부가 문서의 존재를 공식적으로 확인해 주진 않았지만, 사람들은 충격에 빠졌어.

'과연 어떤 그림일까? 그리고 누구의 심장일까?'

작품을 위해 심장을 갈아 넣다

프랑스 혁명이 진행 중이던 1793년 파리, 마르탱 드뢸링은 화가로 활동하고 있었어.

"사람의 심장으로 그림을 그리면 좋은 작품이 나온대."

친구 생 마르탱이 드뢸링에게 말했어.

"나도 그 소문을 들은 적이 있어. 심장을 갈아 물감에 섞으면 그림이 더 아름다워진다고 하던가? 그런데 그거 다 미신이잖아?"

드뢸링이 시중에 떠도는 소문을 떠올리며 대답했어. 상상만 해도 온몸이 오싹했지.

물론 드뢸링도 유명해지고 싶었어. 그는 마흔 살이 넘도록 여전히 가난한 무명 화가였어. 유명한 작품을 그리기도 전에 굶어 죽을 지경이었지. 몇 날 며칠을 고민한 끝에 드뢸링은 성공한 친구를 찾아갔어.

"하델, 돈을 좀 빌릴 수 있을까? 배가 너무 고파. 물감도 사야 하고."

마르탱 드륄링이 친구 프티 하델에게 부탁했어. 제1공화국의 고위 공무원이자 건축가인 하델은 부자였어. 하지만 하델은 그의 부탁을 거절했어. 그리고 돈 대신 다른 것을 내밀며 조용히 속삭였어.

"드륄링, 언제까지 가난하게 살래? 이걸로 그림을 그려서 돈을 번 사람이 꽤 많아. 한 번만 눈 딱 감고 사용해 봐!"

놀랍게도 하델이 내민 건 사람의 심장이었어.

마르탱 드륄링은 놀라서 기절할 뻔했어. 심장으로 그림을 그리라는 친구가 괴물 같아 보였지. 드륄링은 화를 내며 하델의 집을 나왔어. 그리고 같이 작업하는 생 마르탱에게 하델의 기막힌 제안을 얘기했어.

"드륄링, 글라시 기법에 심장을 사용한다는 이야기는 내가 저번에 했잖아. 루벤스나 렘브란트 같은 거장은 붓질 한 번 할 때마다 돈이 되지만, 우리 같은 무명 화가는 어떻게 해서든 그림을 팔아야 입에 풀칠이라도 하지."

놀랍게도 생 마르탱은 하델의 제안에 긍정적이었어.

글라시 기법은 기름과 투명한 물감을 섞어 유화에 여러 겹 바르는 방법이야. 그림에 윤기와 깊이는 물론 색조에 섬세함을

더해 줬지. 루벤스와 렘브란트도 글라시 기법을 사용했어. 그런데 화가들 사이에서 기름과 투명 물감을 섞을 때 심장을 갈아 넣으면 효과가 더 좋다는 소문이 있었어.

잠깐 마르탱 드룀링의 마음이 흔들렸어. 하지만 그는 바로 고개를 저었어.

'아무리 어려워도 그렇지, 사람의 심장을 넣다니. 쓸데없는

생각할 시간에 그림을 한 장이라도 더 그리자.'

드륄링은 정성을 다해 그림을 그렸어. 하지만 한 장도 팔지 못했지.

결국 드륄링은 하델을 찾아갔어.

"하델, 그 제안이 아직 유효한가?"

하델은 다시 찾아올 줄 알았다며 드륄링을 반겼지. 하델은 웃으며 심장 12개를 내놓았어. 드륄링은 침을 꿀꺽 삼켰어.

"심장의 주인이 누군지 물어봐도 되겠나?"

드륄링은 덜덜 떨리는 손으로 심장이 든 상자를 집어 들었어.

"모르는 게 나아. 내 입으로 말하기는 좀 그렇고……. 정말 궁금하면 상자 아랫면을 보게!"

하델은 웃으며 대답했어. 상자 아래를 보기가 무서워졌지만, 드륄링은 상자를 부여잡고 작업실로 돌아왔어.

"이걸 어떻게 사용하지?"

드륄링은 고민에 빠졌어.

"뭘 고민해? 심장을 갈아서 글라시 기법에 사용해야지!"

함께 그림을 그리는 생 마르탱이 말했어.

둘은 심장 하나를 꺼내 갈았어. 그리고 기름과 투명 물감에

넣고 섞었어. 손이 덜덜 떨렸어. 심장을 갈아 넣어 세상에 남을 명작을 그려 보자던 생 마르탱도 덜덜 떨고 있었어. 생 마르탱이 조심스럽게 붓을 들었어.

그때였어. 갑자기 마르탱 드뢰링이 상자를 모두 열고 나머지 심장을 갈아 물감에 섞었어.

꿀꺽!

마르탱 드뢰링은 침을 삼켰어. 물을 마셨는데도 목이 탔어. 그는 크게 숨을 들이켜고 붓을 들었어. 그리고 숨도 쉬지 않고 심장을 넣은 물감을 그림 위에 덧발랐어. 모든 것이 순식간이었어. 완성된 그림은 예전과 달리 윤기가 흐르고, 말로 설명할 수 없는 깊이감이 느껴졌어. 기대 이상이었지.

드뢰링이 그린 그림은 서민의 부엌을 묘사한 풍경이었어. 벽에 걸린 주방 도구와 창가에 앉은 여인, 바닥에서 장난을 치는 아이까지 마치 실제로 존재하는 풍경같이 생생했어. 모든 작업을 마친 드뢰링은 그림 한쪽 구석에 제목을 적었어.

〈부엌 풍경〉

마르탱 드뢰링은 심장의 주인이 궁금해졌어. 그림을 완성하고 나니 마치 심장이 자신의 이름을 불러 달라는 것 같았지.

심장이 담겨 있던 상자들이 바닥에 굴러다니고 있었어. 드륄링은 떨리는 손으로 상자를 집어 아랫면에 쓰여 있는 글자를 읽었어.

"루이 14세!"

헉!

마르탱 드륄링은 너무 놀란 나머지 상자를 놓치고 말았어.

생 마르탱이 허겁지겁 다른 상자를 확인했어.

"안나 왕비, 필립공……."

모두 프랑스 왕족의 심장이었어.

이야기 속 역사

자유, 평등, 박애의 프랑스 혁명

심장의 주인, 루이 14세

루이 14세는 프랑스 역사에서 손꼽히는 위대한 왕이야.

"짐이 곧 국가다."

루이 14세는 자신을 태양이라고 생각했어. 국왕의 권력을 신으로부터 받았다고 생각했거든. 그는 다섯 살에 왕이 되었는데, 어린 시절에는 어머니와 재상 마자랭이 실질적으로 나라를 다스렸어.

직접 나라를 다스리면서 그는 왕권을 강화하는 데 힘썼어. 이때 나라 살림을 맡은 재상 콜베르는 상공업 진흥과 재정 개혁을 추진해 한때 프랑스의 경제를 크게 발전시켰어. 하지만 거듭되는 전쟁과 불합리한 세금 구조, 왕실의 사치, 베르사유 궁전 건설 등으로 국가 재정은 점차 어려워졌어.

태양왕 루이 14세

루이 14세의 가장 큰 목표는 왕권 강화였어. 그는 귀족의 권한을 약화하고, 왕이 직접 국가를 운영하는 중앙 집권 체제를 추진했지. 그 결과 프랑스는 강력한 국가로 성장했어.

또 루이 14세는 프랑스의 위상을 높이기 위해 활발한 대외 정책을 펼쳤어. 플랑드르 전쟁(1667~1668년), 네덜란드 전쟁(1672~1678년), 에스파냐 왕위 계승 전쟁(1701~1714년) 등을 일으켰지. 에스파냐 왕위 계승 전쟁으로 그의 손자인 필리프가 에스파냐 왕 펠리페 5세로 즉위했지만, 프랑스와 에스파냐가 한 국가로 통합되지는 못했어. 다른 나라의 견제 때문이었지. 여러 차례의 전쟁을 통해 프랑스는 국제 사회에서 강대국으로 인정받게 되었어. 루이 14세가 다스리던 시기, 프랑스는 유럽에서 강력한 국가 중 하나였어. 영국은 내전과 명예혁명으로 혼란을 겪고 있었고, 러시아는 표트르 대제가 개혁에 힘쓰고 있었으며, 분열한 신성 로마 제국은 힘을 모으지 못했지.

 루이 14세는 왕의 절대 권력을 과시하고 싶었어. 그래서 베르사유 궁전을 짓기로 했지. 1664년에 시작된 공사는 1715년이 되어서야 끝이 났어. 베르사유 궁전은 유럽에서 가장 화려한 궁전으로 손꼽히게 되었지. 하지만 궁전을 짓는 데에 막대한 비용과 노동력이 투입되어 국가 재정에 큰 부담이 되었어.

 태양왕 루이 14세도 영원히 살 수는 없었어. 1715년 그가 세상을 떠나자, 당시 왕실 관례에 따라 의사가 시신에서 심장을 꺼내 따로 보관했어. 그의 시신은 생드니 대성당에 안치되었지. 현재는 루이 14세의 심장이 남아 있지 않아. 생드니 대성당 지하에는 프랑스 왕족의 봉안당이 있어. 루이 16세와 마리 앙투아네트의 유골도 있지. 생드니 대성당에는 루이 16세의 아들인 루이 17세의 심장이 전시되어 있기도 해.

자유와 평등의 깃발을 올려라, 프랑스 혁명

 루이 14세가 죽은 뒤에도 프랑스 왕실은 절대 왕권을 유지했어. 그러나 그의 증손자 루이 15세는 나라를 돌보지 않았고, 그 사이 세계정세는 급격히 변하기 시작했지.

 그 무렵 오스트리아의 왕, 카를 6세가 아들 없이 세상을 떠났어. 그의 딸 마리아 테레지아가 왕위를 잇겠다고 나섰지. 하지만 바이에른 선제후 카를 알브레히트가 게르만족 전통에 따라 여자는 왕이 될 수 없다고 반발했어. 프랑스와 프로이센은 오스트리아의 세력을 약화하기 위해 알브레히트를 지원했지. 결국, 오스트리아 왕위 계승 전쟁이 벌어졌고, 프로이센이 영토를 얻으며 영향력을 키웠어.

이후 세계 정세는 계속 변했어. 마리아 테레지아는 프랑스와 동맹을 맺어 칠 년 전쟁(1756~1763년)에 나섰어. 프랑스와 프로이센은 적이 되었지. 한편, 프랑스는 미국 독립 전쟁(1775~1783년)에 개입해 미국의 독립을 지원하면서 막대한 빚을 지게 되었어.

1774년 루이 16세가 왕위에 올랐지만, 프랑스는 완전히 빚더미에 올라 있었어. 그럼에도 왕실과 귀족들은 사치스러운 생활을 멈추지 않았지. 루이 16세는 국가 재정을 확보하기 위해 세금을 더 걷으려 했지만, 국민 대다수는 굶주리고 있었어. 그는 새로운 세금 제도를 논의하기 위해 1789년 5월 5일 삼부회를 소집했어.

삼부회는 성직자(제1신분), 귀족(제2신분), 평민(제3신분)의 대표가 모여 국가 문제를 논의하는 회의였어. 성직자와 귀족은 전체 인구의 2퍼센트밖에 되지 않았지만, 토지의 40퍼센트를 소유하고 있었지. 루이 16세는 성직자와 귀족에게도 세금을 걷으면 재정 문제를 해결할 수 있겠다고 생각했어. 그러나 성직자와 귀족은 세금 부과에 강하게 반대했어.

평민들은 삼부회의 투표 방식에 불만이 많았어. 삼부회에서는 성직자, 귀족, 평민 세 신분이 각각 한 표씩 행사했기 때문에, 인구의 98퍼센트를 차지하는 평민도 다른 신분과

삼부회 모습

동등하게 한 표만 가질 수 있었지. 게다가 항상 성직자와 귀족이 연합해 평민과 반대되는 결정을 내려, 평민의 의견은 무시당할 수밖에 없었어. 평민들은 인구 비례로 투표하자고 주장했지만 거절당했지.

이에 평민들은 베르사유 궁전의 테니스 코트로 달려가 국민 의회를 만들고, 헌법이 제정될 때까지 해산하지 않겠다고 선언했어. 이것이 바로 '테니스코트의 서약'이야. 루이 16세가 군대를 동원해 국민 의회를 해산하려 하자, 파리 시민들은 분노해 바스티유 감옥을 습격했어. 이 일은 프랑스 혁명의 시작을 알리는 상징적인 사건이 되었지.

국민 의회는 프랑스 인권 선언을 발표했고, 약 3년 후 프랑스는 공화국을 선포했어. 루이 16세와 왕비 마리 앙투아네트는 1793년 1월과 10월에 단두대에서 처형되었어.

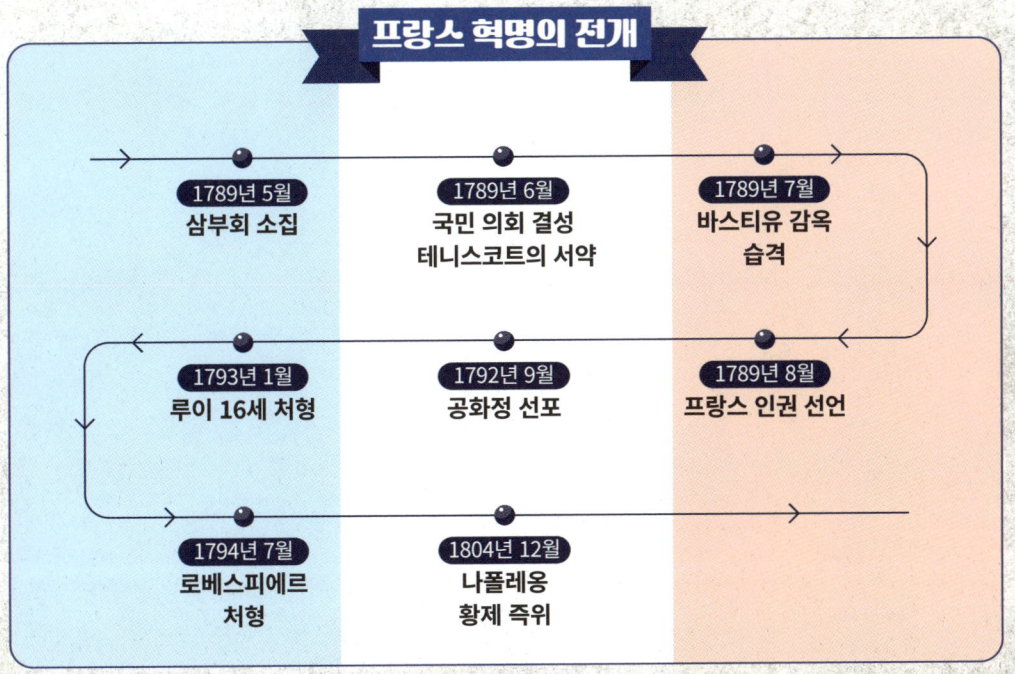

5장

무덤을 건드린 사람은 모두 죽는다

파라오의 안식을 방해하는 자는
죽음의 날개에 닿으리라

세상을 떠들썩하게 만든 발견

1922년, 영국의 고고학자 하워드 카터는 고대 이집트 왕가의 계곡에서 파라오 투탕카멘의 무덤을 발견했어. 약 3,300년 만에 세상에 모습을 드러낸 무덤은 세상을 떠들썩하게 만들었어.

투탕카멘의 무덤은 거의 온전한 상태로 보존되어 있었고, 황금 마스크를 비롯해 5천 점이 넘는 유물이 묻혀 있었지.

하지만, 이 경이로운 발견 뒤에 이상한 사건들이 이어졌어. 무덤 발굴 후원자였던 카나번 경의 죽음이 그 시작이었지. 카나번 경은 가장 먼저 파라오의 무덤에 들어간 사람이었어.

파라오의 안식을 방해하는 사람은 죽음에 이른다고 하는 투탕카멘의 저주일까? 아니면 우리가 미처 알지 못한 병균 때문일까?

1922년 11월, 파라오의 안식이 끝나다

영국의 고고학자 하워드 카터는 고대 이집트 왕가의 계곡에서 파라오의 무덤을 찾고 있었어.

"이번이 마지막입니다. 한 번만 더 기회를 주세요!"

카터는 후원자 카나번 경에게 간절하게 부탁했어.

영국의 백작 카나번 경은 갑부였어. 영국에서 맨 처음 자가용을 탄 사람 중 하나였지. 그는 요양하러 이집트에 갔다가 하워드 카터를 만나 후원하게 되었어.

1914년, 카터는 카나번 경의 후원으로 고대 이집트 왕가의 계곡 발굴권을 따냈어. 그 후 몇 년 동안 카터는 발굴을 계속했어. 하지만 별다른 성과를 얻지 못했어. 카터는 초조해졌지. 그를 믿고 후원하던 카나번 경도 속이 탔어.

그날도 하워드 카터는 왕가의 계곡을 발굴하고 있었어.

"항아리 조각에 글자가 쓰여 있네. 어, 투탕카멘?"

하워드 카터는 무덤에서 나온 항아리 조각에서 '투탕카멘'이란 이름을 발견했어. 그는 역사에서 사라졌던 소년 왕의 이야기를 떠올렸어. 그리고 왕가의 계곡에 투탕카멘의 무덤이 있다는 확신을 얻었지.

1922년 11월 4일, 드디어 기적 같은 일이 일어났어.

"여기 좀 보세요!"

한 인부가 땅을 파다가 계단 일부를 발견했어.

카터는 가슴이 뛰었어. 계단을 따라가자, 끝에 봉인된 문이 있었지. 문에는 투탕카멘이라는 이름이 이집트 상형 문자로 새겨져 있었어. 카터는 곧장 영국에 있는 카나번 경에게 전보를 쳤어.

"마침내 계곡에서 놀라운 발견을 했습니다. 당신이 도착할 때까지, 봉인을 건드리지 않겠습니다!"

하워드 카터의 전보를 본 카나번 경이 벌떡 일어섰어.

"지금 바로 출발해야겠어!"

"아버지, 안 돼요. 긴 여행을 할 만큼 건강이 좋지 않으시잖아요."

딸 에블린이 반대했지만, 카나번 경은 단호했어. 그는 오랫동안 기다려 온 순간을 놓치고 싶지 않았지.

결국 카나번 경은 에블린과 함께 이집트로 떠났어. 그들은 한 번도 쉬지 않고, 3주 만에 이집트에 도착했어. 당시의 교통 환경을 생각하면 상당히 빠르게 움직인 거였지.

"아버지, 조금이라도 눈을 붙이셔야 해요. 그래야 파라오의 무덤에 걸어 들어갈 수 있어요."

에블린은 다리가 떨리는 카나번 경을 부축했어.

다음 날, 카나번 경이 발굴 현장에 도착하자 하워드 카터는 무덤으로 가는 계단을 정리했어. 바깥 출입구에서도 투탕카멘 이름이 적힌 이집트의 상형 문자가 발견되었어.

계단에 가득 찬 돌무더기를 치우는 중간중간 에블린은 카나번 경을 살폈어.

"아버지, 괜찮으세요?"

"괜찮다, 에블린! 즐거우니 몸이 아픈지도 모르겠구나."

카나번 경이 말했어. 하지만 기침하느라 숨 쉬는 것도 힘들어 보였지. 에블린이 할 수 있는 일은 아버지가 쓰러지지 않도록 옆에서 부축하는 것뿐이었어.

11월 26일, 하워드 카터와 카나번 경, 에블린, 카터의 동료

아서 캘린더가 함께 무덤 입구에 섰어.

하워드 카터는 무덤 전실에 조심스럽게 구멍을 냈어. 그리고 구멍 안을 들여다보기 위해 촛불을 들었어.

카나번 경이 카터에게 물었어.

"뭐가 보이나?"

"아주 아름다운 것들이 보입니다!"

카터의 목소리에는 흥분이 가득했어.

무덤 안에서 화려한 황금 마스크가 나왔어. 그리고 투탕카멘의 미라를 비롯한 수많은 유물이 발견되었어. 고작 9년 동안 왕위에 있던 투탕카멘이었지만, 그 발견으로 세계에서 가장 유명한 파라오가 되었지.
　하워드 카터와 카나번 경, 에블린, 아서 캘린더는 투탕카멘의 무덤에 들어간 사람으로 유명해졌어. 하루아침에 언론의 주목을 받게 되었지.

하지만 기쁨도 잠시, 비극이 시작되었어. 이상한 사건이 연이어 발생했어. 발굴에 참여했던 사람들이 이유를 알 수 없는 죽음을 맞았어. 카나번 경을 시작으로 그의 개도, 조카도, 아내도 죽고 말았지. 무덤 벽을 제거한 건축학자도, 무덤을 보고 간 사업가와 이집트 왕자도 죽었어.

죽음은 끝없이 이어졌어. 이집트를 연구하던 학자도, 하워드 카터의 조수인 리처드 베텔과 그의 아버지도 갑자기 죽었지. 말로 설명할 수 없는 기이한 현상이 계속됐어.

"투탕카멘의 저주야! 수천 년의 안식을 방해받은 파라오가 침입자에게 저주를 내린 게 분명해!"

사람들은 공포에 떨었어.

끊이지 않는 의문의 죽음

1923년 4월, 카나번 경은 면도하고 있었어. 전날 모기에 물려 왼쪽 볼이 부은 상태였지. 그런데 그만 면도날이 부어오른 얼굴에 상처를 내고 말았어.

카나번 경은 갑자기 열이 나더니 시름시름 앓아누웠어. 상처에서 고름도 줄줄 흘러나왔지. 안 그래도 건강이 좋지 않았던 카나번 경은 결국 영국으로 돌아가지 못했어. 카이로의 한 호텔에서 세상을 떠나고 말았어.

카나번 경의 죽음이 '파라오의 저주' 때문이라는 소문이 퍼지기 시작했어.

"카터 씨, 사람들에게 진실을 말해 주세요. 사람들이 아버지가 저주받았다고 수군대요. 투탕카멘의 얼굴 흉터와 아버지 얼굴 상처가 같은 위치라고요. 그럴 리가 없잖아요. 그리고 아버지는 원래 건강이 좋지 않으셨어요."

슬픔에 잠긴 에블린이 하워드 카터에게 말했어.

하지만 하워드 카터는 대답할 수 없었어. 사람들 말처럼 투탕카멘의 왼쪽 뺨에도 흉터가 있었거든.

카나번 경의 죽음은 저주의 시작이었어.

그가 이집트에서 죽을 때 영국에 있는 그의 개도 갑자기 죽었어. 또 카이로 도시 전체가 갑작스러운 정전으로 암흑 속에 잠겼지.

카나번 경의 죽음이 저주가 시작된다는 신호였을까?

카나번 경의 조카는 발굴 현장의 인부를 감독하는 사람이었어. 그도 정신 착란으로 죽었어. 카나번 경의 부인도 벌레에게 물려 사망했어. 부인을 돌본 간호사도 이름 모를 병으로 죽고 말았지.

이상한 죽음은 걷잡을 수 없이 번졌어.

투탕카멘 발굴에 참여한 아서 메이스라는 미국 건축학자가 있었어. 그는 무덤 입구를 막고 있는 벽을 제거한 사람이었어. 메이스는 카나번 경이 죽은 직후 갑자기 혼수상태에 빠져 죽었어.

미국의 철도 재벌인 조지 제이 굴드

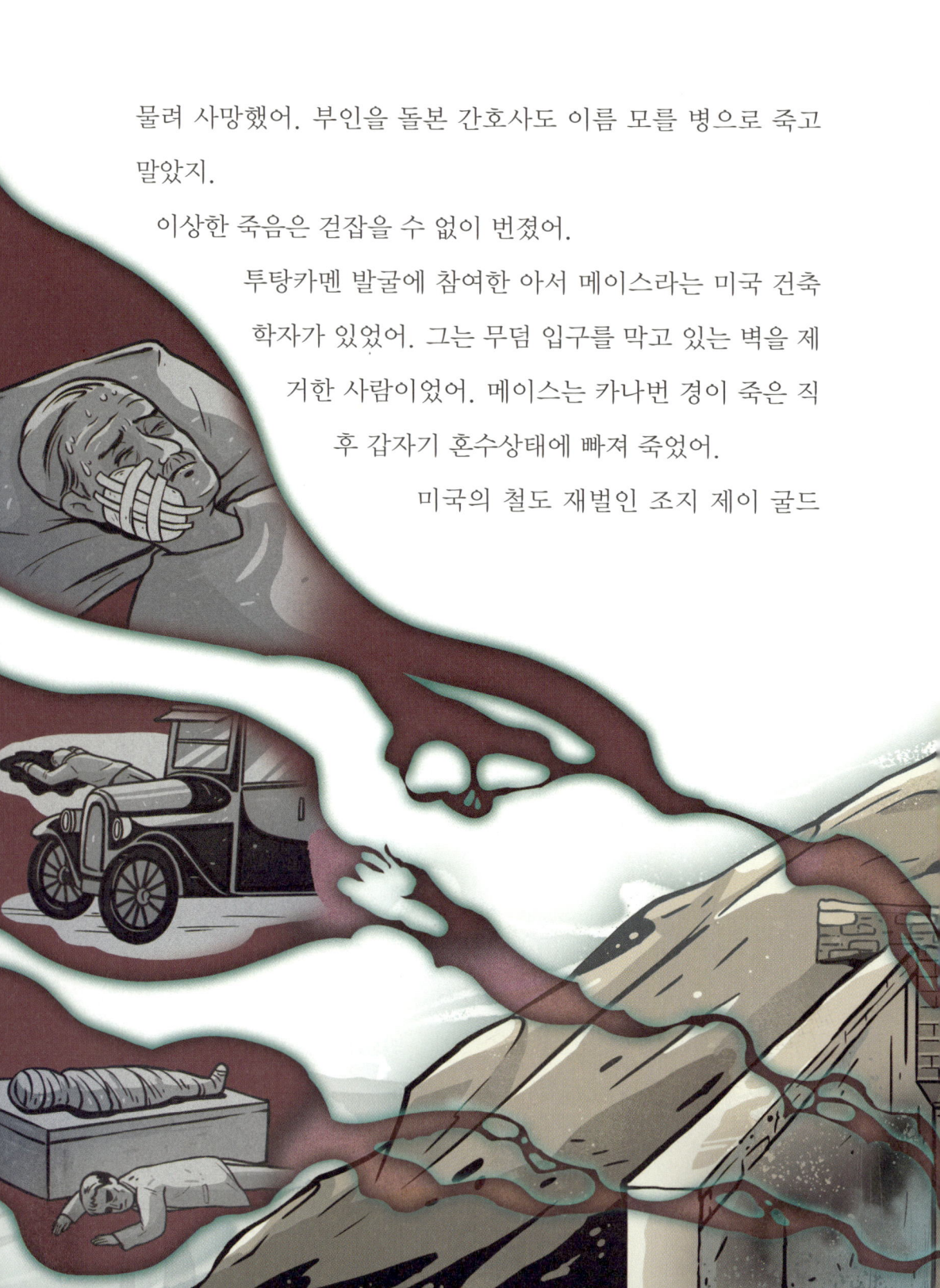

는 하워드 카터의 친한 친구였어. 굴드는 무덤을 방문해 투탕카멘의 관을 만졌어. 다음날 그는 갑작스러운 고열과 폐렴 증세를 보였고, 결국 사망했어. 영국의 사업가 조엘 울 역시 무덤을 보고 난 후, 귀국길에 고열로 죽었어.

투탕카멘의 미라를 조사한 엑스선 촬영 기사 아치볼드 더글라스 라이드도 죽었어. 이집트의 왕자는 무덤에 다녀간 후 아내의 총에 맞아 숨졌지.

이게 끝이 아니었어.

프랑스인 조지 방디트는 이집트를 연구하는 학자였어. 그도 무덤을 다녀간 후 갑자기 죽었어.

하워드 카터의 비서, 리처드 베텔도 마찬가지였어. 그는 어느 날 침대에서 숨진 채로 발견되었지. 사실 그는 투탕카멘의 유물을 몰래 빼돌렸어. 빼돌린 유물을 보관하고 있던 그의 아버지도 누군가에게 살해당했지.

투탕카멘 미라를 조사하던 사람에게도 비극이 찾아왔어. 미라를 검사한 더글러스 데리 교수가 갑자기 죽었어. 그와 같이 미라를 검사한 알프레드 루카스 교수도 같은 시기에 심장 마비로 사망했지.

투탕카멘의 유물을 관리하던 사람도 죽음을 피하지 못했어. 유물 관리자 아브라함은 전시회 준비를 마치고 집으로 가던 중 교통사고로 죽었어.

영국 박물관에서 전시하기 위해 투탕카멘 유물을 운반하던 사람이 여럿 있었어. 그중 가멜 메레즈는 운반 작업을 지휘하던 사람이었어.

"난 파라오의 저주 따위 믿지 않아."

메레즈는 이렇게 말한 날 밤에 사망했어. 그리고 그로부터 5

년 동안 유물을 운반했던 여섯 명 모두 의문의 죽음을 맞이했어.

하지만 하워드 카터는 달랐어.

그는 1939년 66세까지 살다 평온하게 세상을 떠났지. 하지만 그가 키우던 카나리아가 유물 발굴 도중 코브라에게 잡아먹혔어. 코브라는 왕관, 데스마스크 등 고대 이집트 파라오의 머리를 장식하는 데 쓰인 동물이었지. 또한 위대한 발견에도 불구하고 카터가 죽을 때까지 영국 정부는 그에게 아무런 영예나 훈장을 주지 않았어.

이야기 속 역사

거대한 피라미드의 주인, 파라오

세계 4대 문명의 발상지, 이집트

고대 이집트는 3천 년이 넘는 긴 역사를 가진 나라야. 사막에 둘러싸인 이집트는 천연의 요새와도 같아서 외부의 침입이 비교적 적었지. 보통 고대 이집트 역사를 고왕국 시대, 중왕국 시대, 신왕국 시대로 구분해.

고대 이집트는 초기에 상이집트(남쪽)와 하이집트(북쪽)로 나뉘어 있었어. 두 지역을 기원전 3100년경, 메네스(나르메르)가 통일했지. 메네스는 수도를 멤피스로 정하고 통일 왕국 최초의 파라오가 되었어. 이 시기를 고왕국 시대라고 불러. 고왕국 시대에는 나라의 기틀이 마련되었고, 문명이 크게 발전했어. 백성들은 파라오를 살아 있는 신으로 여겼고, 이 시기에 가장 많은 피라미드가 만들어졌어.

하지만 한때 강력했던 고왕국 시대도 점차 쇠퇴했어. 제6왕조의 마지막 파라오인 페피 2세는 약 94년간 집권했는데, 집권 말기에 중앙 정부의 힘이 약해지고 지방 세력이 강해지면서 왕의 힘이 크게 약해졌지. 결국 고왕국이 멸망하고 이집트는 분열과 혼란의 시기를 맞았어.

이 혼란을 제11왕조의 멘투호테프 2세가 끝냈어. 그는 이집트를 다시 통일하며 중왕국 시대를 열었지. 수도도 멤피스에서 테베(현재의 룩소르)로 옮겼어. 멘투호테프 2세는 51년간 통치하며

기자의 피라미드 ⓒ Ricardo Liberato

무역과 건축을 크게 발전시켰어. 멘투호테프 2세는 지금도 고대 이집트의 위대한 통치자 중 한 명으로 손꼽혀.

　중왕국 시대에는 파라오의 권력이 고왕국 때보다 약해졌고, 지방 귀족의 힘이 강해졌지. 농업뿐 아니라 상공업도 발전해 지중해 건너 페니키아와 크레타 등지의 상인들이 이집트로 찾아왔어. 중왕국 시대는 서아시아에서 온 힉소스의 침입으로 막을 내리게 돼.

고대 이집트 제국의 전성기

　이후 약 백 년간 이집트는 힉소스의 지배와 내분으로 혼란스러웠어. 이 혼란은 기원전 1570년경, 아모세 1세가 힉소스를 몰아내고 이집트를 다시 통일하면서 끝났어. 신왕국 시대의 시작이었지. 신왕국 시대에는 파라오의 권력이 다시 강해졌어. 거대한 신전과 조각상을 세워 파라오의 위엄을 드러냈지. 신왕국 시대의 파라오들은 팔레스타인, 레반트, 시리아, 누비아 등 주변 지역을 정복하며 이집트 제국의 전성기를 이루었어.

　우리에게 잘 알려진 많은 파라오가 신왕국 시대에 등장해. 여성 파라오 핫셉수트, 종교 개혁을 시도한 이크나톤(아멘호테프 4세)과 그의 왕비 네페르티티, 소년왕 투탕카멘, 그리고 가장 위대한 파라오로 손꼽히는 람세스 2세 등이야. 이 시기에 국력과 부가 크게 늘었고, 아부심벨 신전, 카르나크 신전 등 오늘날까지 남아 있는 많은 고대 이집트의 건축물이 지어졌어.

　신왕국 시대가 저물면서 이집트는 점점 약해졌고, 이후 여러 외세의 침략을 받았어. 기원전 30년, 프톨레마이오스 왕조의 마지막 파라오인 클레오파트라 7세가 세상을 떠나면서 고대 이집트는 막을 내리고, 로마 제국의 일부가 되었지.

고대 이집트의 신비로운 소년 왕, 투탕카멘

투탕카멘은 이집트 신왕국 제18왕조의 12번째 파라오야. 그는 9세 무렵 왕위에 올라 약 18~19세에 세상을 떠난 것으로 추정되고 있어. 그의 아버지는 태양신 아톤을 유일신으로 숭배하며 종교 개혁을 단행한 이크나톤(아멘호테프 4세)이야.

투탕카멘은 즉위 후 아버지의 유일신 신앙을 폐지하고, 옛 다신교 신앙으로 되돌렸어. 수도도 아마르나에서 테베로 다시 옮겼어. 사실 그의 통치 기간은 9년 정도로 매우 짧았어. 그가 죽은 뒤에는 후계 문제로 왕실이 혼란에 빠졌지.

무덤 발굴 후, 투탕카멘의 미라를 시티(CT) 촬영 등 과학적 방법으로 조사했어. 그 결과, 투탕카멘은 다리에 심각한 골절이 있었어. 여러 유전적 질병의 흔적도 발견했지. 어릴 때부터 건강이 좋지 않았을 것으로 추측하고 있어.

투탕카멘은 짧은 생애와 통치 기간 때문에 살아 있을 때에는 크게 활약하지 못했어. 하지만 1922년 그의 무덤이 거의 온전하게 발견되면서, 그는 '소년 왕'으로 불리며 전 세계에 널리 알려지게 되었지.

투탕카멘의 황금 마스크 ⓒRoland Unger

무슨 일이 있었을까?

고대 이집트의 장례 문화와 미라

고대 이집트의 왕은 파라오(Pharaoh)라고 불렸어. 고대 이집트인은 파라오를 살아 있는 신이라고 생각했어. 태양신 라(Ra)의 아들로 여겼지. 그래서 파라오의 권력은 매우 컸어.

파라오는 죽으면 피라미드에 묻혔어. 고대 이집트인은 피라미드를 파라오의 영혼이 머무는 집으로 여겨 거대하게 지었지. 또 파라오가 죽은 뒤에 하늘로 올라가 태양신과 연결된다고 믿어서, 피라미드를 삼각형의 뾰족한 형태로 지었어. 피라미드에는 미라로 만든 파라오와 함께 그가 생전에 사용하던 물건과 온갖 보물을 묻었어.

고대 이집트인은 사람이 죽어도 영혼은 영원히 살아남는다고 믿었어. 사람이 죽으면 영혼이 잠시 몸을 떠났다가, 무덤이 완성되면 자기 몸으로 돌아와 부활한다고 생각했지. 그래서 시신이 썩지 않게 미라로 만들어 보존했어. 미라 제작은 왕과 귀족뿐 아니라, 일반인에게도 중요한 장례 의식이었어.

미라는 시신의 내장을 꺼내고 시신에 향신료로 만든 방부제를 넣은 후, 붕대로 감싸서 만들었어. 내장은 '카노푸스 단지'라고 부르는 항아리에 담아 따로 보관했지. 또한 '사자의 서'라는 두루마리를 관 속에 함께 넣었어. 사자의 서에는 영혼이 안전하게 저승에 도착할 수 있게 돕는 주문과 지침이 담겨 있어.

6장

현실이 된 공포, 악어와 마주하다

하수구에 악어가 살고 있다

비잔티움 제국의 악어

　기원전 8세기 무렵이었어. 이탈리아반도 테베레강이 내려다보이는 작은 언덕에 로물루스 왕이 작은 도시 국가를 세웠어. 로마 제국의 시작이었지.

　로마는 다른 나라와 교역하면서 차근차근 나라의 힘을 키웠어. 그리고 이탈리아반도, 유럽, 북아프리카, 페르시아, 이집트까지 지배하는 거대한 제국으로 성장했지.

　하지만 로마 제국의 전성기는 영원하지 않았어. 375년에 아시아에서 훈족이 쳐들어오자, 게르만족이 대이동을 시작했고 여러 민족이 로마 영토로 들어오게 되었어. 그때 내부에서 정치적인 혼란과 권력 싸움이 이어지면서 로마는 점점 약해지고 있었어. 결국 395년 로마 제국은 동로마 제국과 서로마 제국으로 나뉘었어. 동로마 제국은 비잔티움 제국이라고 불러. 비잔티움 제국은 1453년 오스만 제국에 정복당할 때까지 무려 천 년 동안 이어졌어.

비잔티움 제국의 수도, 콘스탄티노폴리스에 흉흉한 소문이 돌았어. 하수구에 악어가 살고 있다는 소문이었지. 실제로 하수구에서 악어를 봤다는 사람은 나오지 않았어. 하지만 오랫동안 이 소문은 계속되었어.

하수구의 악어, 괴담이 현실이 되다

1907년 미국 캘리포니아에는 조 캠벨과 프랜시스라는 사업가가 있었어. 둘은 동물 사업을 하고 싶었어.

"남들과 똑같아서는 성공할 수 없어. 어디에서도 할 수 없는 경험을 손님에게 제공해야 해."

캠벨과 프랜시스는 캘리포니아에 악어 농장을 만들기로 했어. 두 사람은 전 세계 악어를 종류별로 다 사들였어. 그리고 서로 잡아먹지 않게 크기별로 나누어 배치했지. 이곳은 다른 악어 농장처럼 악어를 키워 가죽을 만드는 곳이 아니었어. 25센트만 내면 누구나 입장해 즐길 수 있는 악어 관광 농장이었지.

  이곳의 손님은 자유롭게 악어를 만지고 악어 곁에 다가갈 수 있었어. 전문 사육사나 보호 장치 없이 악어 등에 올라타 사진 찍고, 악어 떼 한가운데서 도시락을 펼치고 소풍을 즐겼지.

악어 입을 맨손으로 잡거나, 악어 떼 앞에 서서 사진을 찍는 사람도 있었어.

캠벨과 프랜시스는 악어 농장이 안전하다고 홍보했어. 훈련된 악어라 절대 사람을 공격하지 않는다고 말했어. 사실 농장의 악어들은 야생에서 잡아 온 악어였어. 하지만 두 사업가는 사실을 숨겼어. 손님을 끌어모으는 데만 열중했지.

홍보 사진을 본 사람들은 흥분했어. 주말이면 악어 농장으로 향하는 길이 막힐 정도였지. 사람들은 악어와 함께 있는 시간을 즐겼어. 아이들을 악어 등에 태우고 사진을 찍었지.

악어 농장 사업은 엄청난 성공을 거뒀어.

"캘리포니아 악어 농장에 가면 악어를 말처럼 탈 수 있대."

"생닭을 먹이로 주는 체험이 아주 짜릿하다고 해."

"악어 떼 앞에서 식사하는 사람들 사진 봤어?"

"에이, 위험하긴! 진짜 안전하대. 농장이 보증한다잖아."

"아빠, 요즘 새끼 악어 키우기가 유행이래요. 저도 새끼 악어 사 주세요!"

사람들은 새로운 경험에 열광했어.

특히 악어 농장에서 파는 새끼 악어는 엄청난 인기를 끌었어.

두 사업가는 새끼 악어와 교감을 나눌 수 있다고 홍보했지.

 1925년, 어느 날 사고가 터졌어. 악어 농장에서 여덟 살 난 아이가 악어에게 물렸어. 연이어 다른 손님도 악어에게 물렸지. 크고 작은 사고가 계속되었어. 하지만 돈에 미친 두 사업가는 사고가 소문나지 않게 손썼어. 훈련받지 않은 야생 악어라는 사실도 계속 숨겼지.

 1930년에는 악어가 탈출하는 일이 일어났어. 홍수로 농장이 침수되자 악어 수백 마리가 농장 밖으로 나가 버렸어.

 "악어가 나타났어요. 도로 한가운데에서 불쑥 나타나서 얼마나 놀랐는지 몰라요."

 수백 건의 신고가 빗발쳤어. 도로에서도 강에서도 심지어 도심에서도 악어가 나타났지. 사람들에게 더 이상 악어는 궁금한 존재가 아니었어. 어디선가 악어가 튀어나올지 모른다는 생각에 거리에 사람들이 다니지 않았어. 평화롭던 도시는 순식간에 공포에 휩싸였고, 악어는 두려운 대상이 되었어.

 그때 캘리포니아 정반대에 있는 뉴욕에서 이상한 소문이 돌았어. 하수구에 악어가 살고 있다는 소문이었어.

 "하수구에 악어가 있어! 사람들이 버린 악어가 음식 쓰레기를 먹으며 살고 있대!"

학자들은 헛소문이라고 말했어.

"악어가 살기에 하수구 온도는 너무 낮아요. 환경도 너무 더럽고요. 무엇보다 악어는 체온 유지를 위해 햇볕을 쬐어야 하는데, 하수구에서는 불가능합니다."

일리 있는 말이었지만 몇몇 사람들은 불안에 떨었어. 자신이 버린 악어가 어디에서 튀어나올지 몰라 무서웠거든.

캠벨과 프랜시스의 농장에서 파는 새끼 악어와 알은 뉴욕 부유층이 많이 구매했어. 하지만 그들은 빠른 속도로 자라는 악어를 감당하기 힘들었어. 결국 키우던 악어를 몰래 버렸어. 하수구에 버리기도 했지.

소문은 곧 현실이 되었어. 1935년, 뉴욕 하수구에서 엄청난 크기의 악어가 발견되었어. 길이가 무려 2미터에 달했지. 그뿐만이 아니었어. 그해 5월에는 한 공장 하수구에서 악어가 발견되었어. 사람들은 엄청나게 놀랐어. 즉시 하수구에 어떤 생물도 살 수 없게 약을 뿌렸어. 그 후로 하수구에서 악어가 나오는 일은 없었지. 하지만 악어에 대한 공포는 점점 커졌어. 결국 두 사업가가 만든 악어 농장은 문을 닫게 되었어.

아돌프 히틀러의 애완 악어가 된 베를린 하수구의 악어

하수구에서 악어가 나오기 전까지 미국에서 악어는 좋은 돈벌이 수단이었어. 가죽으로도 관람용 동물로도 인기가 있었거든. 하지만 1930년대에 미국에서 경제 대공황이 발생하자 상황이 달라졌어.

경제 대공황으로 많은 사람이 직장을 잃었어. 먹고 살기도 힘들어지자, 동물원을 찾는 사람이 줄었어. 악어도 인기가 없었지.

그때 미국 미시시피강 강가에서 태어난 악어가 있었어. 그 악어는 불행하게도 태어나자마자 사냥꾼에게 잡히고 말았어.

"동물원에 팔면 돈이 좀 되겠지?"

사냥꾼들은 비싼 값에 새끼 악어를 팔고 싶었어. 그러나 미국 어디에서도 새끼 악어를 사겠다는 곳이 없었어. 동물원에 있는 동물도 내다 팔아야 할 정도로 어려운 시기였거든.

"이 새끼 악어를 구워 먹어야 하나?"

사냥꾼들은 돈이 되지 않는 새끼 악어를 어떻게 처리할지 고민하고 있었어. 마침 독일 베를린 동물원에게서 새끼 악어를 사고 싶다는 연락이 왔어.

베를린으로 간 새끼 악어는 동물원의 인기 스타가 되었어. '새턴'이라는 이름도 생겼지. 새턴을 보러 자주 오는 사람들도 생겼어. 그중 한 명이 아돌프 히틀러였어.

아돌프 히틀러는 사람보다 동물을 사랑하는 동물 애호가였어. 그는 새턴을 아주 좋아했어. 얼마 지나지 않아 새턴은 아돌프 히틀러의 애완 악어라고 불리게 되었지.

1939년 9월 1일, 아돌프 히틀러는 폴란드를 침공했어. 제2차 세계 대전의 시작이었어. 유럽 전역이 전쟁에 휩싸였지.

연합군도 반격을 시작했어. 제2차 세계 대전 동안 베를린은 363차례 공습을 받았어. 공습이란 갑작스러운 공격이라는 뜻이야. 베를린 공습은 전투기를 이용한 폭탄 공격이었어. 폭격 때문에 점점 많은 사람이 베를린을 떠났어. 하지만, 동물원의 동물들은 폭탄을 피해 도망갈 수 없었어.

제2차 세계 대전이 시작됐을 때 베를린 동물원에는 약 4천 마리의 동물이 있었어. 하지만 계속되는 공습으로 살아남은 동물은 겨우 백여 마리에 불과했어.

특히 1943년 11월 23일에 일어난 폭격은 베를린 동물원의 동물들에게 그야말로 악몽 그 자체였어. 하늘에서는 끊임없이 폭탄이 떨어졌어. 새턴이 살고 있는 수족관도 마찬가지였어. 물고기와 악어, 거북이 수십 마리가 하늘로 날아올랐지. 새턴도 베를린 동물원에서 사라졌어.

1945년, 제2차 세계 대전이 끝났어.

그로부터 일 년 후 영국군이 베를린 하수구에 숨어 있는 새턴을 발견했어. 새턴이 삼 년 동안 어디서 무엇을 했는지, 왜 하수구에 있는지 알 수 없었어.

새턴은 소련군이 데리고 갔어. 그렇게 새턴은 죽을 때까지 모스크바 동물원에서 살았어. 새턴은 그 동물원에서 가장 오래 산 동물이었어.

2020년 5월, 모스크바 동물원은 부고를 전했어.

"새턴이 84세로 우리 곁을 떠났습니다. 한 시대를 상징하던 새턴은 박제되어 다윈 박물관에 전시될 예정입니다."

대한민국에 등장한 하수구의 악어

청계천은 서울 도심을 흐르는 하천이야. 해방과 한국 전쟁을 거치면서 많은 피난민과 도시 빈민이 청계천 주변에 터를 잡고 살았어. 청계천 인근에는 판잣집이 빽빽하게 들어섰지.

당시에는 하수도 시설과 쓰레기 수거 체계가 제대로 갖춰져 있지 않았어. 판자촌에서 나오는 생활 하수와 쓰레기가 그대로 청계천으로 흘러들었지. 청계천은 악취와 오염이 몹시 심했어.

서울시는 문제를 해결하기 위해 청계천을 덮었어. 1958년부터 1977년까지 청계천을 덮고 그 위에 도로와 고가 도로를 만들었지. 서울 도심에 차량이 늘어나서 도로가 부족하기도 했거든. 이때 청계천 하수구에서 악어가 나왔다는 이야기가 돌았어.

시간이 흘러, 청계천을 덮은 구조물과 고가 도로가 오래되자 안전 문제가 제기됐어. 결국 서울시는 청계천을 복원하기로 했어. 깨끗한 물이 흐르고 생물이 살 수 있는 환경을 조성하기로 했지.

그런데 2002년 복원 공사 직전에 청계천에서 새끼 악어 사체가 발견됐어. 누군가 애완용으로 키우다가 감당하지 못해 버린 것으로 추정됐지. 대한민국의 하수구 악어였어.

2024 파리 올림픽 개막식에 나타난 엘레오노르

1984년 3월, 파리 퐁뇌프 거리에서 일어난 일이야.

하수구를 관리하는 사람들은 이상한 동물을 발견하고 소방대에 신고했어. 곧 파리 소방대가 출동했어. 잡힌 동물은 81센티미터 크기의 악어였어. 악어를 데려간 동물원의 수의사는 누군가 키우다 버린 악어 같다고 발표했어. 악어는 나일악어이고, 몇 개월간 쓰레기와 쥐를 먹으며 산 것 같다고 말했지. 동물원은 악어에게 '엘레오노르'라는 이름을 지어 줬어.

엘레오노르는 37년 동안 건강하게 살아 길이가 4미터가 넘게 되었어. 엘레오노르는 파충류 전문 공원으로 옮긴 후 2021년에 죽었어. 지금도 파리 하수구 박물관에 가면 엘레오노르가 발견된 곳을 견학할 수 있어.

그런데, 2024년 파리 올림픽 개막식에 다시 엘레오노르가 나타났어. 어린아이들이 지하 터널을 빠져나오는 장면에서 갑자기 등장했지. 파리 하수구에서 발견된 엘레오노르 이야기로 만든 연출이었어.

이야기 속 역사

모든 길은 로마로 통한다

로마의 탄생과 비잔티움 제국

신화에 따르면, 기원전 8세기에 쌍둥이 형제 로물루스와 레무스가 테베레강에 버려졌어. 형제의 아버지는 전쟁의 신 마르스였고, 어머니는 트로이 전쟁의 영웅 아이네이아스의 후손이었지. 버려진 형제는 늑대의 젖을 먹고 자라났고, 후에 로물루스가 로마를 세웠다고 해. 그의 이름을 따서 도시의 이름이 '로마'가 되었지.

로물루스를 시작으로 일곱 왕이 차례로 로마를 다스리며 나라의 기초를 닦았어. 하지만 왕정에 반발한 로마인들은 공화정을 수립했어. 로마의 공화정은 국민이 직접 정치에 참여하는 직접 민주주의가 아니었어. 귀족 중심의 간접 통치였지. 하지만 점차 평민의 권리가 확대되는 방향으로 발전했어.

'모든 길은 로마로 통한다'라는 말처럼, 로마는 이탈리아반도를 넘어 이집트, 서유럽, 북아프리카 등 광대한 지역에 영향을 미쳤어. 유럽에서 사용한 '황제'라는 칭호는 로마 제국에서 유래했어. 또 신성 로마 제국 황제는 스스로를 로마 제국의 계승자라고 생각했지. 동아시아의 황제가 하늘의 명을 받아 나라를 다스리는 존재라는 인식이 있었던 데 반해, 유럽의 황제는 로마 황제 또는 그 계승자, 교회에서 인정한 군주를 의미했어.

395년, 게르만족의 대이동과 내부 분열로 로마 제국은 동로마 제국과 서로

로마 제국의 대표적인 건축물, 콜로세움

마 제국으로 나뉘었어. 동로마 제국은 현대에서 '비잔티움 제국'이라고 부르지만, 당시 동로마 제국 사람들은 자신을 '로마인'이라고 불렀어. 비잔티움 제국은 북쪽의 슬라브족, 동쪽의 페르시아, 남쪽의 북아프리카 사이에 자리 잡고 있었어. 이들과의 교류와 갈등을 통해 비잔티움 제국은 사회·문화적으로 다양한 요소를 받아들였지. 비잔티움 제국은 실크로드와 지중해 상권을 연결하는 중심지로서 상업과 문화를 발전시키며 번영을 누렸어.

아돌프 히틀러의 동물 보호법

전 세계를 전쟁에 빠뜨려 사람들을 죽음으로 몰았던 아돌프 히틀러는 동물 애호가로 알려졌어. 그는 개를 좋아했다고 하는데, 특히 지인에게 선물 받은 셰퍼드를 아주 아꼈다고 해.

제2차 세계 대전 당시, 독일의 이인자 헤르만 괴링은 1933년 나치 정부가 정권을 장악하자 동물 보호에 관한 정책을 적극적으로 추진했어. 같은 해 11월, 나치 독일은 '동물 보호법'을 제정했어. 이 법에는 동물 학대 금지, 동물 실험 제한 조항이 포함되어 있었지. 이후 상업적 동물 사냥을 제한했고, 1934년에는 사냥 금지법, 1935년에는 자연 보호법도 만들었지. 수많은 사람들을 학살한 나치가 이런 법을 만들었다니, 참 모순적이지?

하지만 나치는 동물 보호법을 나치당의 선전 활동에 이용했어. 또 인종 차별 도구로도 활용했지. 유대인과 모슬렘은 가축을 잡을 때 각자의 율법대로 가축을 죽이고 피를 빼. 당연히 유럽 사람의 방식과 달랐지. 나치는 유대인과 모슬렘의 도축법이 잔인하다고 비난했어. 그리고 유대인과 모슬렘에 대한 차별을 정당화하는 명분으로 삼았지.

27세가 되면 사라지는 천재들

영원히 스물일곱

괴담의 주인공, 로버트 존슨

로버트 존슨은 1911년 미국 남부 미시시피주에서 태어났어. 당시 미국 남부에는 서아프리카에서 노예로 끌려온 사람들이 많았어. 로버트 존슨의 부모님도 아프리카계 미국인이었지.

산업이 발달한 북부는 흑인을 공장 노동자로 쓰고 싶어 했어. 반면 남부는 농장을 유지하기 위해 계속 노예 노동이 필요했어. 이러한 노예제에 대한 생각 차이 때문에 남북 전쟁이 일어났어. 북부는 노예를 없애고 싶어 했고, 남부는 농장에서 일할 사람들이 필요했기 때문이야.

결국 남북 전쟁은 북부의 승리로 끝났고, 미국에서 노예제는 폐지되었어. 흑인 노예들은 크게 기뻐했지.

로버트 존슨의 부모님도 더 이상 노예가 아니었어. 하지만 기쁨은 오래가지 않았어. 흑인은 아프리카에서 노예로 끌려왔기에 가진 것이 없었어. 사회적 차별도 여전했지. 남부 흑인의 삶은 크게 나아지지 않았어.

존슨의 부모님은 노예로 살 때는 생계를 걱정하진 않았어. 다만 새벽부터 밤까지 쉬지도 못하고 하루 종일 목화밭에서 일할 뿐이었지. 잠시라도 쉬면 채찍이 날아왔어. 하지만 농장 주인이 먹을 것은 주었고, 비바람을 피할 작은 숙소도 있었어.

노예가 아닌데도 존슨의 부모님은 여전히 하루 종일 목화밭에서 일해야 했어. 아주 작은 일당을 받고서 말이야.

부모님은 새벽 3시면 목화밭으로 나갔어. 일한 만큼 일당을 받기에 화장실 갈 틈도 없었어. 그렇게 하루 종일 허리 한 번 펴지 못하고 어둑해질 때까지 목화솜을 따야 했지. 이제는 지친 몸을 누일 작은 숙소도 구해야 했어. 노예에서 해방되었지만, 먹고 살기는 더 팍팍해졌어.

로버트 존슨의 어린 시절은 가난과 노동의 연속이었어. 그도 부모님처럼 밑바닥 생활을 했지.

　다른 흑인 아이들처럼 존슨도 어릴 때부터 목화밭에서 솜을 땄어. 목화밭은 끝이 보이지 않았어. 하루 종일 목화솜을 따고 나서도 쉴 수 없었어. 목화솜과 씨가 엉켜 있어서, 고개를 숙이고 하나하나 손으로 씨를 골라내야 했어. 그래도 배불리 먹을 수 없었고, 항상 배가 고팠어. 존슨을 버티게 한 것은 음악과 종교였어.

　존슨 가족은 힘들고 지친 날이 계속될수록 부두교 의식에 찾아갔어. 부두교는 서아프리카의 전통 신앙과 가톨릭이 융합된 종교로, 미국 남부 흑인 사회에서 중요한 역할을 했어.

　부두교 의식에서는 신이 인간에게 내려오도록 북을 치고 춤을 추었어. 부두교의 신령으로 불리는 로아에게 살아 있는 동물을 제물로 바치기도 했어.

　밀가루나 옥수숫가루, 먹을 것이 없을 때는 모래나 소금을 땅에 뿌려 로아를 상징하는 문양을 그렸어. 독특한 풀을 태우기도 하고, 마약을 사용하기도 했어.

　부두교 신자들은 의식을 통해 로아가 자신의 가족을 축복해 주기를 바랐지.

로버트 존슨은 어느덧 청년이 됐어.

여전히 목화밭에서 솜을 따고, 허드렛일하며 지냈지. 결혼도 했어. 그리고 밤이면 기타 연주를 할 수 있는 무대를 찾아다녔어. 그에게 블루스는 어두운 삶에 한 줄기 빛이었어.

블루스는 19세기 미국 남부의 아프리카계 미국인 사이에서 발전한 음악이야.

아프리카의 전통 음악과 그들이 일할 때 부르는 노동요, 포크송이 섞인 단순한 리듬의 음악이었어. 길거리와 술집에서 블루스를 연주하는 블루스맨이 다른 지역에도 블루스를 퍼뜨렸지. 하지만 기득권 세력은 블루스를 '악마의 음악'이라고 부르며 깎아내렸어.

어느 날, 존슨에게 커다란 불행이 찾아왔어. 아이를 낳던 아내가 아이와 함께 세상을 떠나고 말았지.

"농장 일을 소홀히 하고 악마의 음악을 연주해서 벌을 받은 거야!"

한 친척이 존슨에게 말했어. 말도 안 되는 소리였지. 하지만 존슨은 모든 의욕을 잃었어. 그는 목화 농장을 떠나 떠돌이 생활을 시작했어. 기타와 하모니카를 들고서 말이야. 그에게 남은 것은 음악뿐이었어.

1930년 무렵, 미시시피주 로빈슨빌의 한 술집은 항상 사람들로 붐볐어. 매일 밤 블루스를 연주하는 선 하우스와 윌리 브라운 때문이었어. 특히 선 하우스는 정열적이고 호소력 짙은 목소리와 기타 연주로 유명한 블루스맨이었어.

로버트 존슨은 둘을 찾아갔어. 존슨은 기타를 치게 해 달라고 선 하우스를 설득했어. 음악에 대한 존슨의 열정을 높이 산 선 하우스는 존슨을 무대에 올리려고 했어.

"난 반대야."

윌리 브라운이 말했어. 그는 존슨이 하모니카는 곧잘 불지만, 기타 연주는 영 아니라고 못마땅해했어. 그러자 선 하우스가 존슨에게 하모니카 반주를 권했어.

"저는 꼭 기타를 연주하고 싶어요."

그들은 존슨의 의지를 꺾지 못했어. 결국 존슨은 기타를 들고 무대에 서게 되었어.

하지만, 결과는 참담했어.

"쟤, 기타 좀 만지지 못하게 해!"

술 취한 관객들은 친절한 말투 따위는 몰랐어. 존슨에게 야유를 퍼붓고 온갖 욕을 해 댔지. 존슨은 너무나도 창피했어. 그는 선 하우스를 쳐다보았어. 선 하우스도 난처한 얼굴이었지. 선 하우스가 봐도 무대는 망한 상황이었어. 존슨의 왜소한 몸과 자신감 없어 보이는 태도에 관객들은 그를 얕잡아 보았지.

존슨은 무대에서 쓸쓸히 내려왔어.

"이제 어쩌지? 내게 남은 것은 음악밖에 없는데."

존슨은 술로 하루하루를 보냈어.

그날도 그는 술에 취해 비틀비틀 거리를 걸었어. 그런데 순간 정신이 번쩍 들었어. 주변을 둘러보니 그가 살던 농장 근처의 교차로 한가운데였어.

"자정에 교차로에 가면 악마가 나타나는데, 그에게 대가를 바치면 소원을 들어준대!"

어릴 때 형이 해 준 말이 떠올랐어.

존슨은 주머니에 손을 넣었어. 시계를 보니 밤 12시였어.

꿀꺽!

갑자기 술이 깨었어. 어디선가 찬 바람이 부는 것만 같았어. 온몸에 오스스 소름이 돋았어.

그 순간, 누군가 교차로 한가운데에 나타났어. 그는 아주 키가 컸고, 눈이 빛났어.

"인간, 무엇을 원하는가? 소원에는 대가가 필요하다."

악마가 말했어.

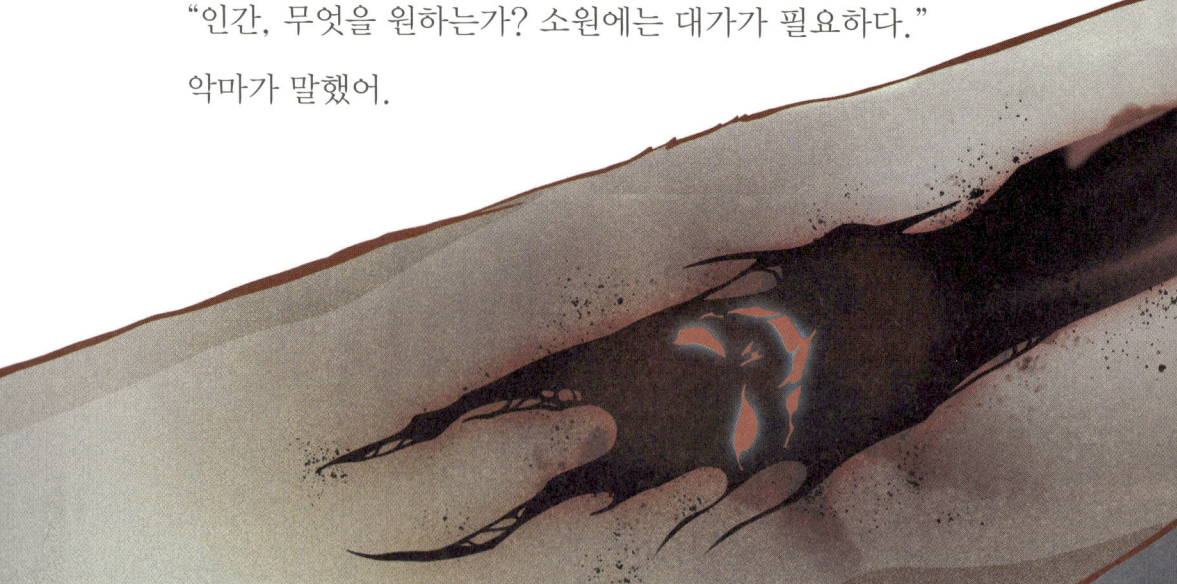

"뛰어난 기타 연주 실력을 원합니다. 대가는 무엇이든 드릴게요."

로버트 존슨이 대답했어. 그는 기타 연주만 잘할 수 있다면 악마에게 어떤 대가를 치러도 괜찮았어.

악마가 손을 내밀었어.

그 순간이 꿈만 같았던 존슨은 멀뚱히 그 손을 바라봤어. 그러다 정신을 차리고 기타를 건넸어. 악마는 존슨의 기타로 몇 곡을 내리 연주했어. 처음 듣는 음악이었지.

로버트 존슨은 가슴이 쿵쿵 뛰었어. 이상하게도 연주를 잘할 수 있을 것 같은 기분이 들었어.

어느새 악마의 연주가 끝났어. 악마는 존슨에게 기타를 돌려주었어.

"아, 분명히 달라졌어! 예전의 내가 아니야."

기타를 받은 순간, 존슨은 알았어. 이제 어떤 곡이든 연주할 수 있었지.

그는 바로 악마가 연주한 곡을 따라 했어. 스스로 생각해도 믿을 수 없는 연주 실력이었어.

"언젠가 이 소원에 대한 청구서를 가지고 찾아가겠다."

악마가 말했어.

"청구서라고요?"

"그래. 넌 27세까지만 살 수 있을 거다."

"상관없어요. 음악 말고는 아무것도 중요하지 않아요. 그게 제 목숨이더라도 말이죠."

악마와의 계약으로 블루스의 전설이 되다

2년이 지났어.

"무대에 서고 싶어요."

로버트 존슨이었어. 그는 선 하우스 앞에 나섰지.

여전히 키도 작고 몸도 마른 왜소한 체격이었어. 하지만 눈빛만은 예전과 달랐어.

"눈빛이 변했군. 그동안 어떻게 지냈나?"

선 하우스의 질문에 미소로 답한 존슨은 무대로 올라갔어. 그리고 바로 관객에게 등을 돌리고 섰어. 선 하우스는 당황했지만, 존슨은 괜찮다는 듯 그를 향해 고개를 끄덕였지. 무대 위는 이상한 상황이 되었어. 술 취한 관객들은 별 관심을 보이지 않았어.

하지만, 로버트 존슨이 기타를 연주하자 상황이 달라졌어. 술집에 있는 모든 사람이 숨죽여 그의 연주를 들었어.

존슨은 정말 능숙하게 기타를 연주했어. 2년이라는 짧은 시간에 장인이 되어 있었지. 노예와 다름없는 삶을 살고 있는 흑인들의 고통과 희망, 사랑과 좌절이 존슨의 연주에 고스란히 담겨 있었어.

존슨의 연주가 끝났지만, 관객들은 모두 입을 쩍 벌린 채 움직이지 않았어.

"와! 정말 좋다."

한 사람이 정적을 깨자, 열띤 박수와 환호가 쏟아졌어.

무대에서 내려온 존슨을 선 하우스가 불러 세웠어.

"대체 무슨 일이 있었어? 악마에게 영혼이라도 팔았나?"

로버트 존슨은 미소만 짓고 대답하지 않았어.

"왜 뒤돌아서 연주하는 거야? 무슨 의미가 있어?"

다시 물었지만, 여전히 존슨은 대답이 없었어. 선 하우스는 이대로 존슨을 보낼 수는 없었어. 존슨을 붙잡아 거나하게 술을 먹였지.

"진짜 궁금해서 그러네. 왜 무대를 등지고 연주했나?"

선 하우스가 집요하게 물었어. 궁금해서 참을 수가 없었거든. 몇 번을 물은 끝에 로버트 존슨이 대답했어.

"손을 감추고 싶어서요. 다른 사람이 제 기타 연주를 베끼는 걸 견딜 수가 없어요."

"도대체 지난 2년간 어떻게 지냈어? 뭘 했기에 대단한 연주 실력을 갖추게 됐나?"

"믿지 않겠지만, 사실 전 악마와 거래했어요."

존슨이 말했어.

술집에 있던 사람들은 그 이야기를 듣고 흥분했어.

"존슨이 악마와 계약했다고? 그는 지금 몇 살이야? 진짜 27세에 죽을까?"

"에이, 악마가 어딨어? 다 헛소문이라고!"

"존슨의 신들린 듯한 기타 연주를 못 들었어? 그는 순식간에 천재가 되었다고!"

누군가 존슨이 부두교 신자라는 사실을 기억해 냈어.

"존슨이 악마와 계약하는 방법을 알 수도 있겠네."

술집은 순식간에 조용해졌어. 왠지 등이 서늘해졌거든.

맞아. 존슨은 부모님처럼 부두교 신자였어.

부두교는 서아프리카 출신의 흑인 노예들이 믿는 종교였어. 현재도 많은 흑인이 믿고 있지. 부두교 신자가 특히 많은 곳은 흑인 노예들이 정착했던 서인도 제도와 미국 남부야.

존슨이 정말 악마와 계약했는지는 아무도 몰라. 악마와 계약하는 모습을 본 사람은 없으니까.

로버트 존슨은 초기 블루스의 기초를 닦은 음악가야. 기타와 보컬만으로 완성도 높은 블루스 스타일을 정립해, 블루스의 전설이 됐지.

1938년, 존슨은 27세에 죽었어. 그가 죽은 이유는 명확하게 밝혀지지 않았지. 로버트 존슨이 죽은 뒤, '천재는 27세에 죽는다'라는 괴담이 퍼지기 시작했어.

천재는 27세에 죽는다

천재는 일반적인 사람들의 기대를 뛰어넘는 사람을 말해. 남들이 생각하지 못한 미지의 영역을 개척하는 사람이지. 어떤 일이든 기존보다 더 나은 방법을 제시하거나, 경쟁자를 초월한 뛰어난 결과를 내놓는 창의적인 사람을 천재라고 불러.

그런데 특히 음악가나 시인 중에 일찍 세상을 떠난 사람이 많아. 그중 27세에 요절한 예술가를 묶어 '포에버 27 클럽(Forever 27 Club)'이라고 표현하기도 해. 죽어서 영원히 27세로 남게 되었다는 의미야.

천재가 27세에 죽는다는 괴담은 로버트 존슨에서 시작됐어. 그 당시 존슨이 악마와 계약해서 뛰어난 연주 실력을 얻게 되었다는 이야기가 널리 퍼졌어. 그리고 그가 진짜로 27세에 죽은 뒤에, 사람들의 입에 오르내린 천재 예술가들의 죽음이 이어졌어. 그들은 모두 27세에 생을 마쳤지.

브라이언 존스는 영국의 록 뮤지션이자 기타리스트야. 유명한 영국의 록 밴드 롤링 스톤스의 창립 멤버였지. 뛰어난 음악적 재능을 가진 그는 약물로 여러 문제를 일으켰고, 밴드를 나간 지 3주 만에 죽었어. 그도 27세였지.

《롤링 스톤》은 미국의 음악·대중문화 잡지야. 《롤링 스톤》이 뽑은 '이 시대의 가장 위대한 기타리스트 백 명' 중 1위를 차지한 사람이 있어. 바로 지미 헨드릭스야. 그는 1967년 미국의 몬터레이 팝 페스티벌에서 국제적인 인기를 얻었어. 지미 헨드릭스는 20세기 가장 뛰어난 음악가 중 한 명이지만, 수면제 과다 복용으로 죽었어. 그의 나이 27세였지.

짐 모리슨은 미국의 가수이자 시인, 영화감독이었어. 1960년대 말, 보수적인 기득권층에 저항하는 문화를 이끈 사람이었지. 모리슨의 시적인 음악과 거침없는 행동은 당시 청년들에게 선망의 대상이 되었어. 하지만 그도 27세에 심장 마비로 죽었어. 젊고 재능 있는 예술가들이 모두 27세에 죽자, 사람들은 동요했어.

그 후 한참 동안 천재가 27세에 죽는 일은 생기지 않았어. 하지만 약 20년 후, 한동안 잊혔던 괴담이 다시 사람들의 입에 오르내렸어.

1994년, 미국 록 뮤지션 커트 코베인이 27세에 죽었어. 그는 1990년대 청년 세대를 대변하며, 전 세계 음악과 대중문화에 큰 영향을 끼친 천재였지.

2011년에는 영국 뮤지션 에이미 와인하우스가 죽었어. 그녀도 27세였어. 그녀는 노래뿐 아니라, 작가, 작곡에도 능해 5개 부문의 그래미상을 받은 천재였어.

포에버 27 클럽에는 서양 예술가만 있지 않아.

시집 《하늘과 바람과 별과 시》에 실린 〈서시〉로 유명한 윤동주도 27세에 죽은 천재야. 그는 시인이기도 했지만, 독립운동가였어. 무장 투쟁은 하지 않았지만, 일제로부터 독립의 의지를 노래한 저항시를 썼어. 그는 일제에 체포된 후에도 변절하지 않았지.

윤동주의 고종사촌인 송몽규도 독립운동가였어. 그도 독립운동을 하다 체포되었어. 그리고 1945년 후쿠오카 형무소에서 죽었어. 그의 나이 27세였지.

> 이야기 속 역사

남북 전쟁을 승리로 이끈 링컨

미국 남북 전쟁과 노예제

　노예제를 지지하던 남부의 주들은 미국 연방에서 잇따라 탈퇴를 선언했어. 그리고 1861년 남부 연합을 세웠지. 이후 4년 동안 북부와 남부가 치열하게 싸웠어. 바로 미국 남북 전쟁이야. 전쟁 결과 남부 연합이 패배했고, 미국에서 노예제가 공식적으로 폐지되었어.

　미국은 유럽의 식민지였던 시절부터 노예가 있었어. 정작 유럽에서는 인권이 강화되면서 노예제가 폐지되었지만, 미국은 달랐어. 미국이 독립한 뒤에도 남부와 북부는 서로 다른 길을 걸었지.

남부와 북부의 대립

　19세기 미국은 북부와 남부의 경제 구조가 크게 달랐어. 북부는 산업 혁명으로 공업이 발전했고, 공장과 철도가 많아졌어. 북부는 세계적인 제조업의 중심지로 성장했지. 반면에 남부는 농업, 특히 목화 산업이 매우 중요했어. 남부의 농장주들은 노예를 이용한 값싼 노동력을 바탕으로, 대규모로 면화를 생산했어.

　이런 경제 구조와 이해관계의 차이가 남북의 갈등을 키웠어. 북부는 자유노동과 자본주의 경제를 지지했지만, 남부는 노예 없이는 경제가 돌아가지 않았어. 산업 구조의 차이와 노예제를 둘러싼 갈등은 남북 전쟁의 중요한 원인이 되었어.

주권과 연방주의의 충돌, 남북 전쟁의 서막

　미국은 여러 주가 모여 만들어진 연방국이야. 북부는 연방 정부가 강한 힘을 가져야 한다고 생각했어. 미국 전체의 발전을 위해 연방 정부가 큰 역할을 해야 한다고 믿었지. 하지만 남부는 각 주의 자율권(주권)을 더 중요하게 여겼어. 특히 노예제 문제에 있어서 남부의 주들은 스스로 결정을 내리고 싶어 했어. 주권과 연방주의에 대한 생각 차이도 전쟁의 중요한 원인이었어.

1860년, 노예제 확장을 반대하는 에이브러햄 링컨이 대통령이 되자 남부는 위기감을 느꼈어. 노예제 폐지를 걱정한 남부는 연방에서 탈퇴하고 남부 연합을 세웠어. 북부는 남부의 탈퇴를 인정하지 않았고, 링컨 대통령은 미국이 하나가 돼야 한다고 주장했어. 결국 남부군이 북부를 공격하면서 남북 전쟁이 시작되었어.

남북 전쟁의 영향

전쟁이 벌어지면서 북부는 군수품 생산이 많이 늘어나 산업화가 더 빨라졌어. 반면, 남부는 농업과 경제에 큰 타격을 입었지.

전쟁에서 남부가 패배하면서 미국은 연방이 그대로 유지되었어. 이로써 미국 사회는 다시 하나가 됐어.

미국 남북 전쟁의 최대 격전 중 하나인 게티즈버그 전투

1863년, 링컨 대통령이 노예 해방 선언을 발표했어. 또 전쟁이 끝난 1865년에는 13차 수정 헌법이 통과되어 미국에서 노예제가 공식적으로 폐지되었어.

결국 남북 전쟁은 수많은 희생자를 남겼지만, 미국이 하나로 통합된 채 유지되게 했고, 오랫동안 이어진 노예제 문제를 해결하는 계기가 되었어.

무슨 일이 있었을까?

남북 전쟁과 블루스 음악 🔍

　남북 전쟁은 1861년에 시작된 미국의 내전이야. 4년의 전쟁 끝에 북부가 승리했고, 미국에서 노예제가 공식적으로 폐지되었어. 하지만 여전히 남부는 '노예제 유지'를 원했어. 남부의 11개 주는 전쟁이 끝난 뒤에도 흑인의 자유를 제한하는 여러 법을 만들었어. 산업이 발달한 북부와 달리, 남부는 여전히 농업이 주요 산업이었고, 흑인의 노동력이 중요했어. 남부에서 만든 법은 흑인의 권리를 제한하고 차별하는 내용이 많았어. 이 법은 나중에 '짐 크로 법'으로 불렸어.

　짐 크로 법은 1876년부터 1965년까지 미국 남부 11개 주에서 시행되었어. 이 법은 학교, 병원, 식당, 공원 등 공공장소에서 흑인과 백인을 분리했어. 남북 전쟁 이후에도 남부의 백인은 흑인과 어울려 살고 싶지 않았어. 그래서 법을 만들어 흑인의 권리를 빼앗고 심하게 차별했지.

　흑인은 투표권도 제대로 가질 수 없었고, 백인과의 결혼도 금지되었어. 심지어 흑인은 백인을 높임말로 불러야 했고, 백인 우월주의 단체가 흑인을 집단으로 폭행해도 제대로 항의할 수 없었어. 학교, 병원, 식당, 공원, 심지어 화장실과 식수대까지도 백인과 흑인이 따로 써야 했어. 흑인은 사회 곳곳에서 차별당했고, 고통스러운 나날을 보냈어.

　이런 상황에서 블루스 음악이 태어났어. 블루스는 흑인의 고통과 좌절, 그리고 희망을 노래한 음악이야. 블루스를 통해 흑인은 서로 연결되어 공동체 의식과 소속감을 느꼈어. 하지만 당시 보수적인 백인은 블루스가 청년 세대의 정서를 해친다고 생각했어. 기독교 사회에서는 블루스와 록 음악을 '악마의 음악'이라고 부르기도 했어.

좀비의 유래, 부두교

　요즘 좀비가 나오는 영화나 만화가 많아. 그런데 좀비라는 개념은 사실 아이티의 부두교에서 유래했어. 부두교에서 좀비는 사제가 만들어. 복어의 독이 위험하다는 이야기를 들어 본 적 있지?

전해 내려오는 이야기에 따르면, 부두교 사제가 복어 독을 섞은 '좀비 파우더'를 피해자의 상처에 바른다고 해. 그러면 피해자는 온몸이 마비되어 죽은 사람처럼 보이지.

사람들은 그가 죽은 줄 알고 장례를 치르고 무덤에 묻어. 그런데 실제로는 죽지 않았기 때문에, 사제가 무덤에서 그를 꺼내 약이나 주술로 되살린다고 해. 되살아난 좀비는 스스로 생각하거나 움직이지 못하고, 아무 의지 없이 타인의 명령에 따라 움직이는 존재가 돼.

부두교 사제와 부두교도들 ⓒ Paul5263

부두교의 좀비는 우리가 영화에서 보는 좀비와 달라. 영화에서 좀비는 공격적인 존재로 나오지만, 부두교의 좀비는 자신의 의지가 없는 노예 같은 존재야. 스스로 판단하지 못하고, 사제의 명령에 따라 움직이지.

좀비는 부두교에서 시작되었지만, 시간이 지나면서 영화와 만화를 통해 다양한 모습으로 바뀌었어.

8장

누군가의 광기로 비누가 된 사람들

저주를 없애기 위해 괴물이 된 부인

코레조의 비누 만드는 부인, 레오나르다

이탈리아 북부의 작은 도시 코레조에 한 여인이 이사 왔어. 남편도 돈도 없던 이 여인의 이름은 레오나르다였어. 레오나르다는 평생 17번의 임신을 했어. 그중 3명은 유산했고, 10명의 아이는 모두 어린 나이에 세상을 떠났어. 남은 가족을 지키며 살아야 했기에 그녀의 삶은 늘 막막했어.

그런데 오갈 곳 없던 레오나르다에게 손을 내민 사람이 있었어. 바로 오페라 가수로 활동했던 버지니아였어. 부유한 버지니아는 레오나르다가 특기를 살려 카드로 운수를 보는 가게를 열 수 있게 도와줬어. 그녀는 레오나르다의 아이들이 학교에 갈 수 있도록 지원도 해 줬지. 레오나르다는 마을 사람들의 운수를 봐 주며 믿음직한 이웃이 되었어.

그러던 1939년, 제2차 세계 대전이 시작되었어.

레오나르다의 장남 주세페에게 징집영장이 날아왔지. 레오나르다는 하늘이 무너지는 것 같았어. 윗마을의 마테오도, 마을 어귀의 레오도, 골목 끝에 사는 다니엘레도 전쟁에서 돌아오지 못했어.

계속 멀리서 포탄이 터지는 소리가 들렸어. 그때마다 레오나르다는 심장이 툭 떨어지는 것 같았어. 얼마 전 가게에 들른 집시의 말이 떠올랐지.

"네 아이들은 모두 너보다 먼저 죽을 거야."

불안해진 레오나르다는 카드를 펼쳤어. 아이들의 미래를 보는 일은 언제나 손이 떨렸어. 그런데 아무리 카드를 펼쳐도 계속 불행과 저주만 나왔어.

"누군가 내 아들 주세페에게 저주를 내린 게 분명해. 이럴 리가 없어!"

레오나르다는 절망에 빠졌어. 어떻게든 아들을 지키고 싶었지. 그래서 그녀는 끔찍한 생각을 하게 되었어.

"그래, 저주를 없애려면 다른 사람을 희생시키면 돼. 그러면 내 아들 주세페의 저주가 사라질 거야."

레오나르다는 저주를 없앨 방법을 고민했어.

"물? 와인? 그래, 몸 안의 저주는 음식으로 없앨 수 있어. 그럼, 몸 밖의 저주는 어떻게 하지?"

레오나르다는 비누가 떠올랐어. 그녀는 바로 비누 만드는 법을 연구했어. 도축장에서 가져온 돼지 지방에 수산화 나트륨을 섞었지. 처음엔 실패했지만, 여러 차례 시도 끝에 비누를 만드는 데 성공했어. 이제 아들의 저주를 없앨 희생양을 고를 차례였어.

첫 번째 희생양은 이웃인 파우스티나 베티였어. 그녀는 홀로 가난하게 살고 있었어. 그녀를 찾을 가족도 없었지.

다음 날 레오나르다는 파우스티나를 찾아갔어.

"파우스티나, 당신에게 맞는 완벽한 신랑감을 찾았어요. 그런데 먼 도시인 폴라에 사는 사람인데, 괜찮을까요?"

파우스티나는 중매를 서겠다는 레오나르다의 말을 의심 없이 믿었지.

"파우스티나, 내일 바로 떠나야 하는데 시간이 없네요. 멀리 떠난다고 친구들에게 작별 편지를 써요. 내가 우체국에 가서 대신 부쳐 줄게요."

파우스티나는 레오나르다의 말대로 친구들에게 편지를 썼어. 결혼하러 이곳을 떠난다고, 새로운 삶에 적응하고 나서 다시 편지를 보내겠다고 쓰고 레오나르다에게 맡겼지.

마지막 인사를 하러 레오나르다의 가게에 들른 파우스티나는 와인 한 잔을 받았어. 새로운 출발을 자축하며 와인을 마신 파우스티나가 마지막으로 본 건 도끼를 든 레오나르다였어.

레오나르다는 도끼질이 처음이었어. 한 번의 도끼질로 파우스티나를 죽이지 못했지.

레오나르다가 힘겹게 시신을 정리하고 보니 지방이 너무 적었어. 비누를 만들기엔 부족했지. 화가 났지만, 마음을 가라앉혔어. 레오나르다는 일단 시체를 아무도 보지 못하게 처리했어. 그리고 파우스티나의 피를 말려 가루로 만들었어. 그다음은 쉬웠어. 밀가루와 달걀, 초콜릿, 마가린, 설탕을 듬뿍 넣어, 그녀가 늘 만드는 티 케이크를 구웠어.

퇴근한 장남 주세페가 언제나처럼 저녁을 먹었어. 레오나르다는 아들의 입에 티 케이크가 들어가는 모습을 바라봤어.

'피를 넣은 티 케이크를 먹었다고 저주가 사라질까?'

레오나르다는 비누를 만들지 못해 불안했어. 이러다 아들이 군대에 가면 죽을 거라고 생각했지. 그녀는 설거지를 마치자마자 다음 제물을 찾기 시작했어.

레오나르다의 예상대로 사라진 파우스티나를 찾는 사람은 없었어. 파우스티나의 친구들은 모두 그녀가 써 둔 편지를 받았어. 늦은 나이에 먼 도시에 사는 신랑감을 만나러 간다는 이야기에, 그녀의 행복을 빌어 주었지.

얼마 뒤 두 번째 희생양이 나타났어. 몇 달 전 남편이 죽은 퇴직 교사, 프란체스카였어.

"북부 피아첸차의 여학교에서 급히 교사를 찾는대요. 학교에 도착하면 한동안 정신이 없을 테니, 떠나기 전에 잘 지내고 있다는 편지를 써 두면 어때요? 제 아들이 우체국에서 일하니, 제가 가지고 있다가 시간 맞춰서 당신 친구들에게 부칠게요."

프란체스카는 피아첸차로 떠나기 전에 편지를 부탁할 겸 작별 인사를 하러 레오나르다의 가게에 들렀어.

레오나르다는 이번에도 새로운 삶을 축하하는 와인을 프란체스카에게 권했어. 마비약이 들어간 와인이었어. 와인을 마신 프란체스카는 곧 도끼를 든 레오나르다를 보게 되었어.

레오나르다는 이번엔 한 번에 끝낼 수 있었어. 게다가 충분한 양의 피와 지방을 얻었지. 프란체스카의 피로 티 케이크를 여러 개 구운 레오나르다는 이웃과 친구들에게도 나눠 줬어. 하지만 비누 만들기는 실패했어. 이상하게도 검은 죽처럼 되어 버렸지.

장남 주세페가 티 케이크를 배불리 먹었지만, 레오나르다는 여전히 저주를 씻어 내기에 부족하다는 생각이 들었어.

프란체스카도 찾는 사람이 없었어. 레오나르다가 말한 대로 써 둔 편지를 보냈기 때문이었지. 프란체스카의 친구들은 그녀

가 북부의 여학교에서 적응하기 바쁘다는 편지를 믿었어.

"더 가치 있는 희생양이 필요해. 반드시 주세페의 저주를 없애야 해!"

레오나르다는 가게를 드나드는 사람들을 유심히 살폈어. 그때 버지니아가 안부를 물으러 찾아왔어. 그녀는 오갈 데 없는 레오나르다가 코레조에 무일푼으로 왔을 때 큰 도움을 주었지. 오페라 가수로 활동하다 은퇴한 버지니아는 코레조에서 유명했어.

레오나르다의 눈이 번뜩였어.

"피렌체에 있는 오페라 감독이 비서를 구한대요. 버지니아, 혹시 관심 있어요?"

툭 던진 말에 버지니아가 반색했어. 그녀는 작은 도시의 생활이 심심했거든.

버지니아도 레오나르다의 조언대로 친척과 친구들에게 보낼 편지를 미리 써서 레오나르다에게 맡겼어. 그리고 작별 인사를 하러 갔다가 마비약이 든 와인을 마셨지. 버지니아가 본 마지막 모습 역시 도끼를 든 레오나르다였어.

레오나르다는 이번엔 비누 만들기에 성공했어. 프란체스카

때와 달리 검게 변하지 않았지. 기분이 좋아진 레오나르다는 노래를 부르며 비누 틀에 향수도 한 병 넣었어. 피를 넣은 티 케이크도 구웠지.

여느 저녁처럼 주세페의 식탁에 잘 구워진 티 케이크가 올랐어. 목욕탕에는 새 비누를 놓았지.

티 케이크를 먹은 주세페가 샤워를 마치고 나왔어.

"아아!"

레오나르다는 아들을 감싸던 저주가 사라졌다는 걸 느꼈어. 그녀는 주저앉아 울고 말았지.

며칠 뒤 버지니아의 편지가 친척과 친구들에게 전달되었어. 그런데 이번에는 버지니아를 찾는 사람이 있었어. 바로 버지니아의 시누이 알베르티나였어.

"내 올케가 피렌체에 오페라 감독의 비서로 갔다는데, 잘 지내는지 궁금해."

마침, 알베르티나의 친한 친구가 피렌체에 살고 있었어. 친구를 통해 확인했지만, 피렌체에서 버지니아를 본 사람은 없었어. 알베르티나는 바로 경찰에 신고했지.

버지니아가 코레조의 유명 인사였기에 수사는 신속히 진행되었어. 그리고 파우스티나, 프란체스카, 버지니아가 모두 실종 직전에 레오나르다의 가게에 들렀다는 사실이 드러났어. 공교롭게도 세 실종자의 마지막 편지를 보낸 사람이 레오나르다의 장남 주세페라는 사실도 밝혀졌지.

경찰은 실종 사건의 범인이 주세페라고 생각했어. 아들이 체포되자 레오나르다가 자신이 진범이라고 나섰어. 경찰은 믿지 않았어. 상냥한 노부인이 미친 살인마 아들을 보호하기 위해 거짓으로 자백했다고 생각했지.

그러자 레오나르다는 살인 도구를 보여 줬어. 도끼와 비누를 만들던 솥, 티 케이크를 굽던 오븐까지 경찰에 내밀었어. 그제야 주세페가 풀려나고 레오나르다가 체포되었어.

레오나르다의 이웃과 친구들은 무척 놀랐어. 그녀가 죄를 고백하자 그동안 먹은 티 케이크가 생각났거든.

재판에서 레오나르다는 징역 30년과 정신 병원 수감 3년을 선고받았어. 하지만 그녀는 자신이 저지른 일을 단 한 번도 후회하지 않았다고 해.

> 이야기 속 역사

한 사람의 광기가 만든 전쟁, 제2차 세계 대전

세계를 뒤흔든 전쟁의 시작

제2차 세계 대전은 1939년부터 1945년까지 30개국 이상이 참전한 세계적인 규모의 전쟁이야. 독일, 이탈리아, 일본이 전쟁을 일으켜 세계 정복을 시도했고, 이에 맞서 영국, 프랑스, 미국, 소련, 중국 등의 연합국이 싸웠지. 이 전쟁은 인류 역사상 가장 큰 피해를 남겼어.

제1차 세계 대전이 끝난 후, 독일은 막대한 배상금 때문에 경제적으로 큰 어려움을 겪었어. 전쟁 후 체결된 베르사유 조약으로 독일은 전쟁의 책임을 지고 군사력도 축소되고 영토도 빼앗겼어. 배상금 때문에 국민은 점점 더 힘들어졌고, 불만이 쌓였지. 그들은 나라를 다시 일으켜 줄 강력한 지도자를 원했어. 그때 히틀러가 등장했어. 히틀러와 나치당은 정권을 잡고 게르만족의 우월성을 내세우며 독재 체제를 만들었어.

이탈리아는 제1차 세계 대전의 승전국이었어. 하지만, 기대했던 보상을 제대로 얻지 못해 국민의 불만이 컸고, 경제 상황도 나빠졌지. 무솔리니는 사회적 혼란과 불만을 기회로 독재 정권을 세우고, 주변국으로 세력을 넓히려고 했어.

일본은 세계 대공황과 자원 부족 등으로 경제적인 어려움과 사회적 불안이 커졌어. 이에 군부 세력이 정권을 잡고 만주 사변과 중일 전쟁을 일으키며 아시아를 침략했어.

1939년 히틀러가 독일의 군사적 팽창과 반유대주의 정책을 선언하는 모습

제2차 세계 대전의 전개

　세계 곳곳에서 침략이 일어났지만, 국제 사회는 이를 막지 못했어. 결국 1939년 독일이 폴란드를 공격했어. 제2차 세계 대전의 시작이었지. 독일, 이탈리아, 일본은 동맹국이 되었고, 미국, 영국, 소련, 중국, 프랑스 등은 연합국이 되어 동맹국에 맞섰어.

　전쟁 초반에는 동맹군이 우세했어. 하지만 미드웨이 해전, 스탈린그라드 전투, 노르망디 상륙 작전 등에서 연합군이 승리하면서 전쟁의 흐름이 바뀌었어. 이탈리아는 1943년 무솔리니가 쫓겨나고 연합군에 항복했어. 이탈리아의 항복은 독일에 큰 타격을 주었어. 전쟁의 판도가 바뀌게 되었지. 전쟁 말기에는 연합군이 점점 우세해졌어. 1945년 5월 독일이 항복하면서 유럽 전쟁이 끝났어. 같은 해 8월에 일본도 항복하면서 아시아 전쟁도 끝났어.

실제로 존재하는 인체로 만든 비누

　비누는 대부분 식물성 지방으로 만들지만, 동물성 지방으로 만든 비누도 있어. 예전에는 소, 돼지, 고래의 지방으로 비누를 만들기도 했어.

　그런데 놀랍게도 사람의 지방으로 만든 비누도 있어. 이탈리아의 전 총리 베를루스코니의 체지방으로 만든 비누야. 그는 2004년에 스위스의 한 병원에서 지방 흡입 수술을 받았는데, 병원 직원이 그의 지방을 빼돌렸어. 그리고 스위스의 미술가 지안니 모티가 그 지방을 구매해 비누 작품으로 만들었어. 작품 이름은 <마니풀리테(깨끗한 손)>야. 2005년, 스위스에서 열린 아트 바젤 박람회에 예술 작품으로 전시되었지.

　우리나라에서는 '폐기물 관리법'에 따라 태반을 제외한 인체 유래물은 활용할 수 없어. 그래서 인체 지방을 이용한 비누가 시중에 나올 수 없어.

9장

바다 위의 저주받은 유령선

버뮤다의 소용돌이

모든 것이 사라지는 버뮤다 삼각 지대

버뮤다 제도는 북대서양에 있는 삼 백여 개 작은 섬의 무리야. 버뮤다에 대한 기록은 콜럼버스의 일지에도 나와. 1492년 10월, 콜럼버스가 버뮤다 해역을 지날 때 나침반이 이상해지고 바다에서 이상한 빛이 보였다는 기록이 있어.

1505년, 에스파냐 탐험가인 후안 데 베르무데스가 이곳을 발견했고, 그의 이름을 따서 버뮤다라고 부르게 되었어. 1609년에는 영국 사람들이 탄 시벤처호가 폭풍우를 만나 이곳에 난파하면서 버뮤다 제도에 사람이 살게 되었지.

 이후에 버뮤다 해역에서 많은 선박이 사라지는 일이 반복되었어. 원인을 알 수 없었기에, 사람들은 버뮤다 삼각 지대를 마의 삼각 지대라고 불렀어.

 대항해 시대에는 새로운 항로를 개척하기 위해 장기간 배를 타야 했어. 이전과는 달리 수개월씩 배 안에서 생활해야 했지.

 오랜 시간 배 안에서 지내는 일은 힘들었어. 신선한 채소와 과일은 꿈도 꿀 수 없었지. 말린 건빵과 소금에 절인 생선 정도만 먹을 수 있었어. 그런데 어느 순간 선원들이 시름시름 앓기 시작했어. 딱딱한 건빵을 먹다가 입에서 피를 흘리기도 했어. 결국 선원들은 모두 죽고 말았어.

비타민 시(C) 부족으로 인한 괴혈병이 원인이었지. 당시에는 괴혈병으로 죽는 선원이 해적을 만나거나 조난으로 죽는 선원보다 많았다고 해. 그래서 배에 살아 있는 사람이 없는 유령선이 나타났지.

하지만 버뮤다 삼각 지대의 유령선은 조금 달랐어. 시벤처호의 난파 이후에 이곳에서 많은 배가 사라졌어. 어떤 배는 다시 발견되기도 했지만, 배 안에는 아무도 없었어. 선원의 시신조차 보이지 않았지. 배만 홀로 바다를 떠돌아다녔어.

유령선이 된 메리 설레스트호

1872년, 아서의 가족은 미국 뉴욕에 살고 있었어. 아서의 아버지는 알코올 원액을 싣고 이탈리아 제노바로 향하는 메리 설레스트호의 선장이었어. 이번 항해에는 어머니와 두 살 난 동생 소피아도 따라가기로 했지만, 학교에 가야 하는 아서는 함께하지 못해 심통이 났어.

아서는 할머니 손을 잡고 울먹였어.

"소피아, 오빠는 학교 다니고 있을 테니, 얼른 여행을 마치고 오렴."

이제 일곱 살인 아서가 동생 소피아의 머리를 쓰다듬었어. 아직 발음이 분명치 않은 소피아는 오빠를 보고 방긋 웃었지. 그게 소피아와의 마지막이었어.

아서의 가족이 탄 메리 설레스트호는 제노바에 도착하지 못했어. 사람들은 배가 폭풍을 만났거나 해적에 잡혔다고 생각했지. 할머니는 매일 울기만 했어. 아서는 가족이 사라졌다는 사실이 믿기지 않았어.

한 달 뒤, 설레스트호의 소식이 들려왔어. 영국 무역선 디 그라티아호가 설레스트호를 발견했다는 소식이었어. 그라티아호의 선장은 아서 아버지의 친구였어.

그라티아호는 대서양 한가운데에서 설레스트호를 발견했어. 그라티아호의 선장은 이상하다고 생각했어. 자신의 배보다 일찍 출발한 설레스트호가 왜 아직 바다에 있는지 이해가 되지 않았어. 제노바에 도착하고도 남을 시간이었지. 그라티아호 선장은 설레스트호에 계속 신호를 보냈어. 하지만 답이 없었어.

결국 그라티아호 선원들은 설레스트호에 올랐어. 그런데 아무도 없었어. 모든 것이 이상했지. 배는 잔뜩 젖어 있었지만, 정상적으로 운행할 수 있는 상태였어. 선원들도, 선장도, 그의 부인도, 두 살 난 딸도 보이지 않았지. 개인용품도 그대로 남아 있었고, 핏자국도 보이지 않았어. 단지 구명보트 한 대만 사라진 상태였어.

그야말로 유령선이었지.

영국으로 설레스트호를 가져가서 몇 달 동안 조사했지만, 원인을 알 수 없었어. 아서의 가족과 선원들은 끝내 발견되지 않았어.

버뮤다 삼각 지대의 미스터리

죽음의 해역으로 불리는 버뮤다 삼각 지대는 미국 플로리다주 마이애미, 푸에르토리코, 버뮤다섬을 이은 삼각형 모양의 해역이야.

1840년, 프랑스의 로잘리호는 쿠바 하바나항으로 떠났어. 하지만 버뮤다 삼각 지대 근처에서 표류하고 있었지. 구조를 위해 다른 배의 선원들이 로잘리호에 올랐지만, 아무도 없었어.

살아 있는 사람도 없고, 시신도 없었어. 배에 남아 있는 건 새장 속 새 한 마리뿐이었지.

　이상한 일은 또 있었어.

　1925년, 일본 화물선인 리히루쿠마루호는 밀을 가득 싣고 보스턴을 떠나 함부르크로 향했어. 하지만 아무리 기다려도 배는 함부르크에 오지 않았어. 리히루쿠마루호는 버뮤다 삼각 지대를 지난 후 행방불명이 되었어. 시신도 배의 잔해도 발견되지 않았어.

　1945년에는 더 이상한 일이 벌어졌어. 미국 플로리다의 항공 기지에서 훈련하던 비행기 5대가 대서양으로 연습 비행을 나섰어. 2시간 후 비행기는 버뮤다 삼각 지대에서 승무원 14명과 함께 사라졌어. 군대가 발칵 뒤집혔어. 항공 모함과 비행기까지 동원해 구조하러 나섰어. 그런데 구조하러 나간 비행기까지 사라져 버렸지. 바다를 샅샅이 뒤졌지만, 비행기 파편도, 시신도 찾지 못했어.

　이상한 실종은 계속되었어.

　1973년, 노르웨이 화물선 아니타호는 2만 톤가량의 큰 화물선이었어. 인도양을 항해하던 아니타호가 버뮤다 삼각 지대의

한가운데에서 사라졌어. 33명의 선원도 함께 사라졌지.

　2015년에도 이상한 일이 일어났어. 푸에르토리코로 화물을 운송하던 미국 상선 엘파로호가 태풍을 만났다고 조난 신호를 보냈어. 엘파로호가 조난 신호를 보낸 곳은 버뮤다 삼각 지대였어. 급히 해안 경비대가 구조에 나섰지만, 구명보트 2대와 선원 시신 1구만 발견했어.

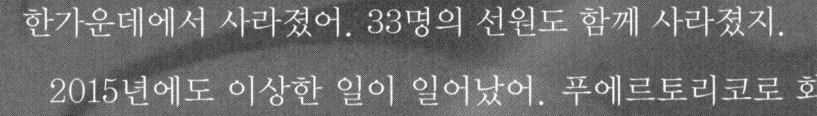

사건 사고가 끊이지 않자, 사람들은 버뮤다 삼각 지대를 마의 삼각 지대라고 부르기 시작했어. 1960년대에 기자 에드워드 존스가 〈마이애미 헤럴드〉지에 보도하면서 버뮤다 삼각 지대는 더욱 유명해졌어. 보도 이후 이곳을 지나면서 순식간에 늙었다거나, 보이지 않는 힘에 잡혔다가 겨우 빠져나왔다는 등 다양한 이야기가 떠돌았어.

사람들은 버뮤다 삼각 지대를 둘러싸고 정말 다양한 이야기를 만들어 냈어. 누군가는 이곳에 전설 속 아틀란티스의 후손이 살고 있다고 주장했고, 어떤 이들은 삼각 지대 한가운데에 블랙홀이 존재해, 강력한 에너지가 배와 비행기를 빨아들인다고 했지. 또 다른 이들은 버뮤다 삼각 지대에 시공간의 틈, 즉 다른 차원으로 통하는 문이 열려 있어서, 그곳을 지나는 배와 비행기가 순식간에 다른 세계로 이동한다고 말하기도 했어.

이 밖에도 버뮤다 삼각 지대에 유에프오(UFO)의 해저 기지가 있다는 이야기, 시간 여행이 가능한 타임 터널이 숨어 있다는 이야기, 크라켄 같은 거대한 해양 괴물이 등장한다는 이야기까지, 온갖 기상천외한 이야기가 끊임없이 나왔어.

과학적으로 버뮤다 삼각 지대를 설명하려는 시도도 많았어.

어떤 사람은 지역 해저에 존재하는 메탄가스가 지각 변동으로 인해 대량 분출될 때, 물의 밀도가 급격히 낮아져 배가 순식간에 침몰할 수 있다고 주장했어. 또, 메탄가스가 대기 중으로 치솟아 비행기 엔진으로 유입되면, 폭발이나 추락 사고로 이어질 수 있다는 가설도 제기됐어. 버뮤다 삼각 지대의 자기장이 유난히 강해서, 그곳을 지나는 배나 비행기의 나침반이 제대로 작동하지 않는다는 견해도 있었어.

사실 버뮤다 삼각 지대는 배와 비행기의 통행이 매우 많은 곳이야. 오가는 교통량이 많으니 자연히 사고 횟수도 높아질 수밖에 없지. 현실적인 시각을 가진 사람들은, 버뮤다 삼각 지대에서 발생하는 실종 사고 비율이 다른 해역에 비해 특별히 높지 않다고 지적해. 실제로 버뮤다에는 엘에프(LF) 웨이드 국제공항이 운영되고 있어. 또한 많은 사람이 거주하는 평범한 섬이지.

어떤 것이 진실일까? 분명한 건 버뮤다 삼각 지대에서 설명하기 어려운 이상한 사건과 사고가 꾸준히 일어나고 있다는 사실이야. 그래서 이곳은 여전히 호기심의 대상이 되고 있어.

이야기 속 역사

세계의 흐름을 바꾼 위대한 모험, 대항해 시대

버뮤다의 발견

버뮤다는 대서양 한가운데에 있는 섬의 무리야. 영국령이지만, 지리적으로는 북아메리카에 더 가까워. 1505년 에스파냐의 탐험가 후안 데 베르무데스가 이 섬을 발견했어. 버뮤다라는 이름은 바로 이 탐험가의 이름에서 유래했어. 이후 오랫동안 버뮤다에는 사람이 살지 않았어. 1609년, 북아메리카로 향하던 영국인들이 시벤처호를 타고 가다가 폭풍을 만나 난파하면서, 버뮤다에 처음으로 사람이 살게 되었어. 이 사건을 계기로 영국은 버뮤다를 식민지로 삼았고, 이후 점차 정착민이 늘어났어.

버뮤다는 미국 동부와 매우 가까워서, 역사적으로 미국과 많은 관계를 맺었어. 미국 남북 전쟁 때는 북군과 남군 모두에게 무기 밀수 중개지로 활용되기도 했어. 지금도 버뮤다는 미국과의 항공, 해상 교통이 빈번하게 이루어지고 있고, 미국인이 많이 찾는 휴양지로 유명해.

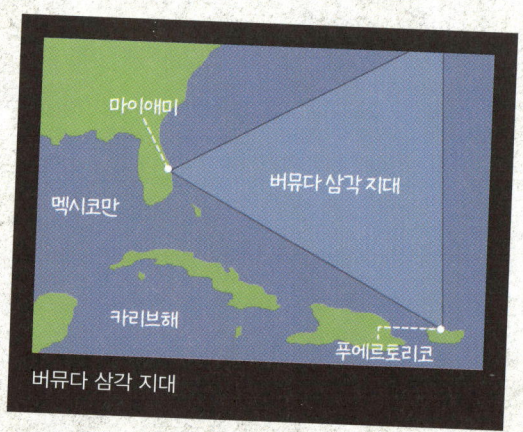
버뮤다 삼각 지대

대항해 시대의 배와 유령선의 비밀

대항해 시대의 배는 우리가 상상하는 것보다 훨씬 작고 열악했어. 작은 배에 수십 명, 때로는 수백 명이 빽빽이 타고서 오직 바람에만 의존해 거친 바다를 건넜지. 몇 달씩 육지를 보지 못하는 일은 흔했고, 배 안의 생활은 매우 힘들었어. 화장실은 바다에서 해결해야 했고, 식수도 매우 귀해서 빨래나 샤워는 육지에 도착하기 전에는 상상도 할 수 없었어.

대항해 시대의 선원들은 괴혈병으로 목숨을 잃는 일이 많았어. 괴혈병은 비타민 시 부족으로 생기는 병인데, 신선한 과일이나 채소를 구하기 어려웠던 배에서 쉽게 발생했어. 하지만 선원들이 가장 두려워한 것은 바로 '무풍지대'였어. 돛단배는 바람이 불어야 움직일 수 있는데, 바람이 완전히 멎는 무풍지대에 들어가면 배는 며칠, 때로는 몇 주씩 바다 위에 멈춰 서게 돼. 식수와 식량이 떨어지면 선원들은 서서히 굶어 죽거나 말라 죽었고, 결국 배에는 해골만 남기도 했어. 바람이 없으니 배는 해류를 따라 이리저리 표류하게 되고, 이런 배가 유령선이 됐지.

다행히 무풍지대는 전 세계 바다 중 일부 지역에서만 나타나. 무풍지대라도 해류는 계속 흘러서, 배가 조금씩 움직이긴 해. 대표적인 무풍지대는 사르가소해야. 사르가소해는 대서양 북서부에 있는 바다로, 해초가 많이 떠 있는 독특한 해역이야. 대항해 시대 초창기인 15세기에는 제대로 된 지도가 없었기 때문에, 무풍지대와 유령선 이야기는 선원들에게 공포의 대상이었어. 사르가소해의 위치는 버뮤다 삼각 지대와 많이 겹치기 때문에, 미스터리와 전설이 더해졌지.

떠나자! 후추를 찾아서

이베리아반도는 유럽 남서쪽 끝에 있는 반도야. 지중해와 대서양을 모두 접하고 있어 전략적으로 매우 중요한 위치였지. 이곳에서는 8세기 초부터 오랜 세월 동안 가톨릭과 이슬람 세력이 치열하게 대립했어. 결국 15세기 말, 가톨릭이 이슬람을 몰아냈지만, 여전히 불안한 요소가 남아 있었어. 또 유럽인은 동방에 강력한 기독교 국가를 건설했다는 전설 속의 왕, 프레스터 존을 만나고 싶어 했어. 당시 지중해를 통해 동방으로 가는 길은 오스만 제국이 막고 있었지. 그래서 유럽인은 대서양을 통해 동방으로 가는 새로운 항로를 찾으려 했어.

중세 유럽이 무너진 데에는 여러 이유가 있지만, 큰 원인 중 하나가 페스트였어. 흑사병으로 불리는 페스트가 유럽 인구를 급격히 줄였고, 일할 사람이 부족해지면서 임금이 크게 올랐어. 영주들은 소작농을 구하지 못해 파산했고, 이에 따라 봉건제가 무너지고 시장과 교역이 중심이 되는 시대가 열리게 됐어.

대항해 시대가 시작된 가장 큰 동기는 바로 향신료, 특히 후추였어. 바다를 건너 향신료를 가져오면 엄청난 부자가 될 수 있었지. 국왕, 귀족, 상인 모두 신항로 개척에 앞다퉈 투자했어. 향신료는 당시 유럽에서 매우 귀했고, 음식의 맛을 내는 데뿐 아니라 방부제와 약재로도 쓰였기 때문에 그 값이 금과 맞먹었어.

향신료는 대항해 시대를 여는 열쇠가 되었어. 하지만 항로가 점점 개척되고 무역이 과열되면서 예전만큼 큰 이익을 내기 어려워졌지. 그 후 유럽인은 아메리카 대륙의 금, 은, 노예, 설탕에 주목하게 되었고, 신대륙 탐험과 정복이 본격적으로 시작됐어.

대항해 시대, 바다에서 시작된 세계의 변화

대항해 시대에 유럽인은 항해술을 발전시켜 다른 대륙으로 나아갔어. 15세기 초반 포르투갈의 엔히크 왕자는 대서양 쪽으로 해외 진출을 시작했어. 이후 에스파냐의 콜럼버스가 유럽과 아메리카를 잇는 항로를 개척했어. 16세기 초반에 마젤란이 세계 일주에 성공하는 등 대항해 시대는 절정에 달했지. 새로운 바닷길이 열리면서 동서양을 잇던 비단길의 중요성은 점차 줄어들었어. 에스파냐 정복자들의 식민지 건설, 영국과 네덜란드의 동인도 회사 설립 등으로 대항해 시대는 막을 내렸어. 이후 유럽은 식민지 쟁탈에 열을 올리는 근대 제국주의 시대로 넘어가게 되었어.

1492년, 콜럼버스가 아메리카 대륙을 발견한 일은 세계사에서 매우 중요한 사건이야. 이 발견으로 새로운 대서양 무역로가 열렸고, 자원, 상품, 인구, 문화의 세계적인 교류가 본격적으로 시작됐어. 에스파냐, 포르투갈 등 유럽 국가들은 신대륙에 앞다투어 진출해 식민지 확대 경쟁을 벌였어.

신대륙(아메리카)에 도착한 콜럼버스

1498년에는 바스쿠 다가마가 인도 항로를 개척했어. 이 항로는 포르투갈이 인도양 일대에 식민지를 건설하는 계기가 되었지. 1522년에는 마젤란 탐험대가 최초로 세계 일주에 성공하면서 지구가 둥글다는 사실이 입증되었어. 유럽 각국은 대서양, 인도양, 태평양 곳곳에 원정대를 보냈고, 결국 남극과 북극까지 개척하게 되었어.

대항해 시대는 지구 전체의 국제 무역을 가능하게 했어. 이후 유럽 여러 나라가 아메리카, 아시아, 아프리카 곳곳에 식민지를 건설하며 식민지 확장을 시작했고, 구대륙과 신대륙 사이에 노예를 포함한 인적·물적 교류가 활발해졌어. 유럽의 문화와 기술이 세계로 퍼져 나갔지만, 그 과정에서 정복 전쟁과 전염병으로 신대륙 원주민의 인구가 급격히 줄고, 대규모 노예 무역이 일어나기도 했어.

10장

슈퍼맨도 피하지 못한 죽음

저주에 걸린 영웅

50년간 이어진 슈퍼맨의 저주

조지 리브스는 단역 배우였어. 그는 배우의 꿈을 품고 연기 생활을 이어 갔지만, 당시 미국은 경제 대공황 시기였지. 수많은 공장이 문을 닫고 많은 사람이 실업자가 되었어.

리브스는 1939년 영화 〈바람과 함께 사라지다〉에서 조연을 맡은 뒤로 이렇다 할 역할을 만나지 못했어. 영화에 대한 열정으로 어떤 단역도 마다하지 않고 맡았지만, 그날 먹을 빵도 부족하기 일쑤였어. 하지만 그는 꿈을 포기하지 않았어.

그러던 1951년, 조지 리브스에게 기회가 찾아왔어.

조지 리브스는 저예산 영화 〈슈퍼맨과 몰맨〉에서 주인공 슈퍼맨 역을 맡게 되었어. 저예산 영화라 큰 기대를 하지 않았지만, 의외로 많은 인기를 끌었어.

"이 영화를 텔레비전 시리즈로 만든대. 이제 나도 유명한 배우가 될 수 있어!"

리브스는 〈슈퍼맨의 모험〉 텔레비전 시리즈의 주인공이 되었어. 그때부터 순풍에 돛을 단 듯 모든 일이 잘되었어.

조지 리브스는 1952년부터 7년 동안 슈퍼맨을 연기했고, 엄청난 인기를 얻었어. 특히 아이들은 슈퍼맨이 총알을 손으로 막아 내는 장면에 열광했어. 그가 나타나는 곳에는 아이들이 구름처럼 몰려왔지. 아이들은 리브스를 진짜 슈퍼맨처럼 여겼어.

여느 날처럼 '슈퍼맨 쇼'에서 조지 리브스가 슈퍼맨을 연기하고 있었어. 한 아이가 실탄이 든 총을 들고 일어섰어. 어른들은 깜짝 놀랐지. 그 아이는 슈퍼맨이 총알을 막는 걸 눈앞에서 보고 싶어 했어.

"제가 당신을 쏴도 되나요?"

아이가 천진하게 물었어.

"네가 총을 쏘면 나는 그 총알을 튕겨 낼 수 있지만, 다른 사람이 다칠 수 있어. 나는 슈퍼맨이라 괜찮지만, 다른 사람은 위험할 수 있지."

조지 리브스는 식은땀이 흘렀지만 침착하게 대답했어. 그리고 아이를 잘 달랬지. 지켜보던 사람들은 가슴을 쓸어내렸어.

이런 일이 생기자, 리브스의 주변 사람들은 걱정이 많았어. 하지만 그는 인기가 많다는 증거라며 대수롭지 않게 여겼어.

1959년, 리브스는 오랜 연인과 헤어지고 새로운 연인을 만났어. 사랑에 빠진 그는 바로 약혼했지. 그리고 결혼을 준비하고 있었어. 마침, 오랫동안 이어진 텔레비전 시리즈 촬영이 모두 끝났어. 조지 리브스는 휴식이 필요했어. 무엇보다 삼 일 뒤가 결혼식이었지.

리브스는 시나리오 작가들과 식사하고 자정이 넘어 집으로 돌아왔어. 그가 잘 준비를 하는데, 이웃 친구 두 명이 문을 두드렸어.

"결혼을 축하하러 왔지. 자정이 지났으니, 결혼식이 이틀 남았네. 축하주를 마시자!"

친구들이 말했어.

하지만 웬일인지 조지 리브스는 다짜고짜 화를 냈어. 웃고 즐기던 평소와 달랐지.

"난 잘래. 술 마시고 싶지 않아!"

리브스는 방으로 들어가 버렸어.

"뭐야? 새신랑이 되려니 기분이 이상한가?"

그때였어.

탕!

갑자기 총소리가 들렸어. 친구들은 곧바로 방으로 뛰어갔지만, 이미 리브스는 숨진 뒤였어.

"조지 리브스는 자살했습니다."

경찰이 공식적으로 발표했어. 하지만 아무도 그 사실을 믿지 않았어.

유서도 없었고, 총에는 아무 지문이 없었어. 심지어 리브스의 지문도 없었지.

"새로운 텔레비전 시리즈를 준비하고 있었어요. 스스로 목숨을 끊을 이유가 없어요. 무엇보다 이틀 후 결혼할 새신랑이었다고요. 누군가 그를 죽인 게 틀림없어요."

리브스의 에이전트가 말했어.

사실 조지 리브스는 종종 빈 총으로 러시안룰렛을 하는 장난을 쳤어. 러시안룰렛은 리볼버라는 권총에 한 발의 총알만 넣고 탄창을 돌린 후 방아쇠를 당기는 내기야. 원래는 목숨을 거는 위험한 내기지만, 그는 스트레스 해소를 위해 총알을 모두 빼고 장난을 쳤어. 단 한 번도 리볼버에 총알을 넣은 적이 없었지.

"몇 달 전부터 누군가에게 살해 위협을 받고 있었어요. 절대 자살이 아닙니다."

조지 리브스의 어머니 역시 경찰의 발표를 믿지 않았어.

경찰이 자살로 판명하고 사건을 종결하자, 어머니는 사립 탐정을 고용했어. 하지만 사건의 진실은 끝내 밝혀지지 않았어.

사람들은 수군거렸어. 미국의 영웅 슈퍼맨에게 저주가 내렸다고 말이지.

리브스의 죽음 이후 '슈퍼맨의 저주'라는 말이 퍼졌어. 세상에서 가장 강한 존재를 연기한 배우들에게 악몽이 시작됐거든. 50년 넘게 영화, 텔레비전 시리즈 〈슈퍼맨〉에 참여한 수많은 배우와 스태프가 불행을 겪었어.

1969년, 배우 버드 콜리아가 갑작스럽게 심장 질환으로 사망했어. 그는 텔레비전 애니메이션 시리즈 〈슈퍼맨〉의 성우였지.

1948년에 만들어진 영화 〈슈퍼맨〉에 출연한 커크 앨린은 알츠하이머병에 걸렸어. 슈퍼맨의 아기 시절을 연기한 리 퀴를리는 1991년 14세의 나이로 세상을 떠났지.

또 1978년 영화 〈슈퍼맨〉에서 슈퍼맨을 연기한 크리스토퍼 리브는 1995년에 말을 타다 낙마해 전신이 마비되었어. 사람들은 큰 충격을 받았지. 그는 영웅답게 끝까지 포기하지 않았어. 온 힘을 다해 재활 치료를 받고 배우 활동을 이어갔지. 하지만 2004년 안타깝게도 심장 마비로 죽었어.

슈퍼맨의 연인 역을 맡았던 마고 키더는 심한 조울증에 시달리다 실종된 적이 있었어. 〈슈퍼맨 3〉에 출연한 리처드 프라이어는 병에 시달렸고, 1978년 〈슈퍼맨〉에 출연한 말론 브랜도 역시 가족이 비극을 겪었지.

슈퍼맨에 출연한 배우들의 비극에도 불구하고 영웅에 대한 사람들의 열망은 사그라지지 않았어. 결국 2006년 영화 제작사는 〈슈퍼맨 리턴즈〉를 제작하기로 했지. 하지만 많은 배우가 출연을 거절했어. 명성도 중요했지만 하나뿐인 목숨이 더 소중했거든.

〈슈퍼맨 리턴즈〉를 제작할 때도 많은 배우와 스태프가 불운을 겪었어. 프로듀서인 로브 버넷은 강도를 만났어. 그때 얻은 뇌진탕으로 눈이 잠시 안 보이기도 했지. 편집 스태프인 애덤 로비텔은 창문에서 떨어져 목숨을 잃을 뻔했어. 카메라맨 토드 스탠은 높은 계단에서 발을 잘못 디뎌 떨어졌어.

사람들은 다시 수군거렸어. 50년이 흘렀지만, '슈퍼맨의 저주'가 계속되고 있다고 말이지.

이야기 속 역사

검은 목요일, 미국 경제 대공황의 시작

미국 경제 대공황의 시작

제1차 세계 대전 중에 미국은 전쟁 물자 수출로 큰 이익을 얻었어. 또한 공업이 엄청나게 발달했는데, 특히 자동차, 영화, 전기, 라디오 등의 산업이 발전해 전쟁 후에도 호황을 누렸어.

개인의 경제 활동이 자유롭게 보장되고, 국가는 거의 간섭하지 않았어. 이 같은 자유방임주의 원칙에 힘입어 미국의 기업들은 눈부시게 성장했지.

미국 경제 대공황 시기, 무료 급식소 앞에 줄 선 실업자들

해마다 늘어나는 수출에 기업들은 신이 나서 공장을 지었어. 다른 나라에 돈을 빌려줄 정도로 미국 경제는 유례없는 전성기를 맞았어. 호황이 계속될 거라 믿은 미국 사람들은 더 많은 돈을 벌기 위해 너도나도 주식에 투자했어.

1929년 10월 24일 목요일, 뉴욕 증권 거래소에서 주식값이 폭락했어. 이날을 '검은 목요일'이라고 불러. 사람들이 앞다투어 주식을 팔면서 주식 가격은 계속 떨어졌어. 경제 대공황의 시작이었어. 미국의 경제 대공황은 전 세계로 확산되었어.

루스벨트의 뉴딜 정책

11월이 되자 많은 회사가 문을 닫았어. 망한 회사에 돈을 빌려준 은행도 문을 닫게 되었지. 1929년에서 1933년 사이에 9천 개가 넘는 은행이 파산했다고 해. 사람들의 삶은 더 힘들어졌어. 회사도 은행도 문을 닫으니, 순식간에 실업자가 1천3백만 명으로 늘었어.

이때 대통령이 된 사람이 루스벨트야. 그는 뉴딜 정책으로 댐을 만들고 발전소를 세웠어. 공항, 도로, 공공시설 건설 등 국가가 나서서 대규모 일자리를 만들었지. 루스벨트는 실업자를 줄이는 것이 급하다고 생각해 경제에 적극적으로 개입했어. 뉴딜 정책 덕분에 미국 경제는 회복하기 시작했어.

대공황의 어둠 속에서 탄생한 미국의 영웅들

슈퍼맨, 배트맨, 원더우먼, 스파이더맨, 캡틴아메리카 같은 영웅은 모두 경제 대공황 시기에 태어났어. 슈퍼맨이 1938년, 배트맨이 1939년, 캡틴아메리카가 1941년에 등장했지.

1930년대 미국은 먹고 살기 힘든 시기였어. 경제 대공황으로 자식을 팔려고 하는 부모가 있을 정도였어. 루스벨트 대통령의 뉴딜 정책도 모든 사람에게 희망을 주진 못했어. 미국 역사상 가장 어두운 시기였지.

이때 미국인은 현실에서 벗어나 희망을 주는 존재를 원했어. 그래서 인간의 한계를 뛰어넘는 능력을 갖춘 가상의 영웅이 만화와 영화, 텔레비전에 등장했지. 제1차 세계 대전 이후 한때 미국은 잘나갔지만, 대공황으로 자부심이 꺾였어. 슈퍼맨 같은 영웅은 미국인에게 자부심과 희망을 되찾아 주는 존재였어.

슈퍼맨 같은 영웅의 등장은 당시 사회적 불안과 미국인의 욕망을 반영한 현상이야. 이 영웅은 소시민의 욕망을 해소해 줄 뿐 아니라, 악당을 무찌르고 선량한 사람을 구하는 정의의 상징이었어. 미국인이 꿈꾸던 이상적인 모습을 담고 있었지.

소름 주의⚠
괴담 속 진짜 숨은 역사

1판 1쇄 인쇄 2025년 12월 20일
1판 1쇄 발행 2026년 1월 2일

글 박성은
그림 달상
발행인 손기주

편집 장효선
디자인 최서원
세무 세무법인 세강

펴낸곳 썬더버드
등록 2014년 9월 26일 제 2014-000010호
주소 경기도 군포시 공단로140번길 38 센트럴비즈파크 901호
전화 031 427 3250   팩스 02 6442 2807

이 책은 저작권법에 따라 보호를 받는 저작물이므로 무단 전재와 복제를 금지하며,
이 책의 내용 전부 또는 일부를 이용하려면 반드시 저작권자와 썬더키즈의 서면 동의를 받아야 합니다.

ISBN 979-11-93947-44-9 73900

값은 뒤표지에 있습니다. 잘못된 책은 구입하신 곳에서 바꾸어 드립니다.
썬더키즈는 썬더버드의 아동서 출판브랜드입니다.

썬더키즈는 책에 대한 멋진 아이디어와 좋은 원고를 기다리고 있습니다.
투고 및 기획 문의 sonkaya40@naver.com

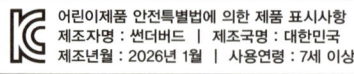

어린이제품 안전특별법에 의한 제품 표시사항
제조자명 : 썬더버드 | 제조국명 : 대한민국
제조년월 : 2026년 1월 | 사용연령 : 7세 이상